Aus Großmutters Mehltruhe

Siegfried Ruoß

Aus Großmutters Mehltruhe

Traditionelle schwäbische Rezepte

THEISS

Inhalt

Die regionale Küche – der Schatz unserer Altvorderen

Das 19. und 20. Jahrhundert waren nicht nur in Deutschland geprägt von Kriegen, Hungersnöten und Unterdrückung. Großfamilien mit zehn bis zwanzig Kindern waren bei der Mehrzahl der Bevölkerung keine Seltenheit. Die Kindersterblichkeit lag bei 50 Prozent. Arbeit war Mangelware, Hunger der Begleiter der Unterschichten. Hunderttausende wanderten nach Amerika oder in den Osten Europas nach Ungarn und Russland aus, in der Hoffnung, dort ein besseres Leben zu finden.

Wer heute durch die riesigen Supermärkte schlendert und die Fülle der Angebote betrachtet, findet demgegenüber paradiesische Zustände vor – Essen und Trinken in Hülle und Fülle. An jeder Straßenecke gibt es Imbissstände mit Currywurst, Hamburger und Grillwürstchen, die von den Menschen gerne und häufig frequentiert werden. Das Leben ist ein einziges Gastmahl. Cool und Cola, der neue Konsument mit zerrissener Jeans, die mehr in den Kniekehlen hängt als am Po, ist in.

Ein schön gedeckter Tisch mit Tischdecke, Silberbesteck und gutem Porzellan – das war einmal. Großmutters Edelbesteck gibt es heute auf dem Flohmarkt zu Armreifen umgestaltet. Man isst wie zu Urzeiten mit den Händen oder mit Plastikbesteck – Currywurst im Pappbecher. Der Hit unserer Nimmersatten sind jetzt Riesenpizzen, die nur zur Hälfte auf den Teller passen, während der Rest auf dem Tisch liegt!

Appetitlich? Sicher nicht. Doch Geiz ist geil, und so finden die Pizzafreaks das alles cool und scheren sich nicht um die Hygiene. Hauptsache, es ist billig, und das große Fressen nimmt immer skurrilere Formen an.

Aber es gibt auch noch die stillen Genießer, die auf Albleisa, Alblamm oder auf den Albdinkel schwören. Die regionale Küche kommt still und leise wieder in unsere Küchen zurück. Und wir wollen Ihnen mit diesem Buch helfen, die Schätze unserer Altvorderen zu heben, bevor sie gänzlich im Schatten der Vergangenheit verschwinden. Um zu verstehen, wie früher gekocht wurde, sollte man sich fragen: Wie haben die Menschen noch vor 100 bis 200 Jahren gelebt, was haben sie gegessen und wie sah ihr Alltag aus?

Abhängig vom Sonnenaufgang begann der Tag für den einfachen Bauern mit dem ersten Hahnenschrei. Zur ersten Stärkung gab es eine Kachel Schwarzen Brei mit Milchkaffee aus gerösteter Gerste, damit alles gut und schnell hinunterrutschte. Dann ging man gemeinsam in den Stall zum Ausmisten und Melken. Bevor man sich auf den Weg zum Feld machte, nahm man noch ein kurzes Vesper zu sich, oft war es ein Teller Sauermilch mit Kartoffeln. Um 11.30 Uhr traf man sich zum kalorienreichen Mittagessen. Auf größeren Höfen, die mehrmals im Jahr schlachteten, gab es Fleisch mit Kartoffeln oder Spätzle mit Gemüse. Bei den ärmeren Schichten der Tagelöhner hieß es allerdings nicht man nehme, sondern man koche, wenn man habe – Mehlspeisen in allen Variationen. Angefangen bei Spätzle, Knöpfla, Knödel – aber auch Eierhaber, Schupfnudeln oder eine einfache abgeschmelzte Brotsuppe füllten dort die hungrigen Mägen.

Das Abendessen bestand meist aus Brot, Rauchfleisch, Resten vom kalten Braten, Käse, Rettich, später Wurst aus Dosen. Danach ging es wieder in den Stall, morgens und abends. Jeden Tag wiederholten sich dieselben Handgriffe. War die Tagesarbeit abgeschlossen, gab es für den kleinen Hunger noch eine Riebeles- oder Brennte Grießsupp. War der Mostkrug leer, ging es ab in die Heia – denn die Nacht war kurz und die Arbeit hart.

Nur am Sonntag wurde aufwendiger gekocht, Da kam, wenn vorrätig, ein Schweinebraten auf den Tisch, meist gepökelt oder geräuchert, mit Kartoffelsalat und Spätzle als Beilage. Die Bauern waren Selbstversorger. Außer Zucker, Salz, Zündhölzern und Zichorie stellten sie alles selbst her.

Um sich und seine Kinderschar satt zu bekommen, hatte fast jeder Arbeiter und Handwerker a Gütle, a Äckerle, no von der Großmutter her, bekannt als Krautgarten. Denn Kraut, Kartoffeln, Gelbe Rüben, Schwarzer Rettich oder Endiviensalat waren Gewächse, die in Mieten oder in Kellern eingelagert im Winter unverzichtbar waren. Nicht umsonst hieß es früher – isch d'Mehltruhe ond dr Schmalzhafa voll – kommt man gut über den Winter. In Kriegszeiten wurden nicht selten die Vorräte von den durchziehenden Soldaten requiriert und dann war man froh, wenn über dem Esstisch ein Saunabel hing, um wenigstens den Löffel einzufetten.

Bettler zogen zu Tausenden durchs Land. Gefürchtete Räuberbanden terrorisierten die Bevölkerung. Um dem herrenlosen Gesindel Herr zu werden, mussten die Bauern, wie z. B. in Rammingen bei Ulm, bei der Arbeit oder dem Kirchgang sogar Seitengewehre tragen. Diese Gruselgeschichten gab unsere Großmutter im Winter beim Linsen- und Kartoffelverlesen zum Besten. In der kalten Jahreszeit saßen wir oft in der Küche zusammen, denn dort war es immer am wärmsten. Die Frauen flickten Dinkel- und Kartoffelsäcke, setzten Blätze auf unsere ramponierten Werktagshosen, stopften Socken oder versetzten den durchgescheuerten Kragen vom Arbeitshemd des Bauern. Dabei schnitten sie den unteren Teil des Hemdes ab, um ihn oben einzusetzen. Gebrauchte Arbeitshemden haben deshalb am unteren Teil einen anderen Stoff. Sicher ein Rest von einem Rest.

Die karge Landschaft, der Kinderreichtum und die kleinen Bauernhöfe zwangen die Menschen zur äußersten Sparsamkeit. Nicht umsonst hieß es auf der Alb, im Gegensatz zum fruchtbaren Unterland – jo nix vrkomma lau. So soll ja der Schwabe der Erfinder des Kupferdrahtes sein, denn er dreht jeden Pfennig – so oft en seinem Hosasack rom, bis er als Draht zom Vorschein kommt. Die Sparsamkeit der Schwaben hat sich bis in unsere Zeit hinein gehalten.

Als ein paar schwäbische Bergsteiger in der Schweiz in eine Gletscherspalte stürzten, wurden sie vom Schweizer Roten Kreuz entdeckt. Die Retter riefen in den Spalt hinunter – „Hier isch das Schweizer Rote Krüz!" Darauf kam die Antwort – „Mir send von dr Alb ra ond gebat nix!" Um den Sack voll zu machen, zum Schluss noch ein Spruch zu diesem Thema: Einladung: „No kommat no glei nach am Essa, dass 'r zom Kaffee wieder drhoim send."

Aber glauben Sie nicht alles, was über die Schotten Deutschlands im Umlauf ist. Wer sich anständig aufführt und „a klois Gschenkle mitbrengt, isch iberall willkomma."

Wer noch wie wir mit dem Distelstecher über die Äcker zog, um die Disteln zu vernichten, beim Steineklauben den Herrgott verfluchte über diese Sklavenarbeit, den ganzen Sommer barfuß laufen musste, weil kein Geld für Schuhe da war, und im Herbst zum Ährenlesen verdonnert wurde, der versteht diesen Volksstamm besser.

Wohl dem, der eine aufgeschlossene Großmutter hatte, die ihren Enkeln Geschichten erzählte, die in keinem Geschichtsbuch zu finden sind. Wie sagte sie immer – wer seine Vergangenheit nicht kennt, hat auch keine Zukunft. Doch die Zeit der Petroleumlampen, Plumpsklos und Wasserpumpen ist endgültig vorbei.

Unsere Geschichte können wir nicht zurückdrehen. Umso erstaunlicher ist es, dass Großmutters Küche mit ihren deftigen Soßen, kalorienreichen Beilagen und bodenständigen Rezepten sich wieder großer Beliebtheit erfreut.

Ein herzliches Dankeschön geht an dieser Stelle an alle Mitwirkenden auf der Alb und drumherum sowie an den Verlag Klemm & Oelschläger, die uns großzügig Informationen und Rezepte aus der Schwäbischen Küche zur Verfügung stellten.

Schwäbische Kost

A Kräutle und a schweinigs Floisch
Ond Knöpfla en dr Brüah –
Dös wenn ma aus der Kuche bringt,
Vertlaufet d' Schwoba nia.

Gar manche möget d' Knöpfla it,
Ond's Schweinig it und's Kraut –
Ma braucht halt au a schwäbisch Gmüet,
Dass ma dia Speis verdaut.

Im Kämi, wenn ma's Säule hot,
Ond's Kräutle in der Kuef,
Wenn Mehl gnue in dr Truha isch,
Hat's Haus en gueta Ruef.

A sölles Essa isch a Staat
Ond besser – ohne G'späß –
Als Schnepfedreck und Caviar
Ond all dös Teufelsg'fräß.

(Hyazinth Wäckerle)

Kindertage auf der Alb

Im späten Mittelalter waren Großfamilien mit zehn bis zwanzig Kindern der Regelfall. Dass über 50 Prozent davon das zehnte Lebensjahr nicht erreichten, hatte mehrere Gründe: mangelnde Hygiene, Krankheiten oder Hunger.

Unsere Kindheit Mitte des 20. Jahrhunderts war wohl hart, aber wir hatten immer genug zu essen. In den Dörfern liefen die Kinder im Sommer barfuß bis in den November hinein. Erst als wir begannen, unsere kalten Füße in den frisch gefallenen Kuhpflatter zu wärmen, gab es Schuhe.

Die Stiefel hatten nach dem Krieg genagelte Holzsohlen. Wurden sie nass, rosteten die Nägel und fielen heraus. Nun drang das Wasser hinein, was uns recht ärgerte. Wir Jungs trugen nur Lederhosen, die an die jüngeren Geschwister weitergereicht wurden.

Bei den Bauern waren Kinder als billige Arbeitskraft willkommen. Die größeren Mädchen verdienten sich ihren ersten Lohn als Kindermädchen, und die Buben waren im Herbst als Hütebuben wochenlang im Einsatz. Die Kleineren sammelten Beeren und Brennholz im Wald, später das Fallobst. Auch mussten wir Botengänge machen, Unkraut jäten oder das Essen für die Knechte aufs Feld bringen.

War eine Nachbarin im Wochenbett, brachte ihr die Bäuerin zur Stärkung eine Schüssel Hühnerbrühe oder Weinsuppe. Dafür hatte sie eine spezielle Suppenschüssel aus Zinn mit einem Deckel.

Wurde am Hof geschlachtet, trugen wir Kinder in Milchkannen die Metzelsupp zum Herrn Pfarrer, dem Lehrer und den Nachbarn.

Das Kleinkind bekam einen Schoppen, auf der Alb kurz Budel genannt, man sagte aber auch, wenn das Kleinkind zu schreien anfing: Gebat am au's Fläschle. Als Schnuller diente zu Großmutters Zeiten ein kleines, abgebundenes Leinensäckchen, das nicht selten mit in Wein oder Schnaps getränkten Brösala bzw. zermahlenem Zwieback gefüllt war. Auch Mohn fand Verwendung.

Sobald die Kinder zahnten, gab man ihnen ein Brotriebale, um darauf herumzukauen, und wenn die ersten Zähne ausfielen, eine Schwertlilienwurzel zum Hineinbeißen. Die Zähne blieben darin stecken und es war Platz für die neuen Beißerla, gemeint sind hier natürlich die zweiten Zähne.

Kinderwagen und Spielsachen, wie wir sie heute kennen, waren damals noch unbekannt. Das Kleinkind erlebte seine ersten Wochen und Monate in seinem Kinderbett, und wenn man es mit auf das Feld nahm, wurde es in ein Tragekissen gelegt. Die ersten Kläpperle bestanden aus der mit kleinen Steinchen oder Linsen gefüllten und zusammengesteckten Luftröhre der Weihnachtsgans. War man bei der Arbeit auf dem Feld, lag das Kind in einem mitgeführten Korb, der, mit ein paar Zweigen abgedeckt, vor Sonne und Mücken schützte. Das Kind war damit beschäftigt, nach den im Wind spielenden Blättern zu greifen und freute sich des Lebens.

Kinderverse

Viel Kender send scho recht, bloß net en dr Schüssel.

Wo viel Kender send, wird's Brot nia trocka.

Kender bettat, dr Vattr got zom Schtehla.

Wia hot sell Pfarrer gsait:
Je meh Kender, je meh Vateronser.

Des Kendle isch dürr wia am Schultes sei Gas
ond dui hot bloß oi Feder am Fidla.

Mit de Kender verdenat ma sich da Hemmel.

Viel Kender, viel Sega, aber wenig Platz am Disch.

Viel Kender, wenig Render ond denne Suppa.

De arme Leit hent Kender ond de reiche hent's Zuigs.

Dr Herrgott soll's dr am Kendersega hoimzahla.

Ma muass d' Kender ziaha solang se kloi send.

Wia's Wetter so dr Wend, wia d' Eltra so's Kend.

Wenn bettla willsch, dua dr Kender en's Haus.

Verdingt als Kindermädchen

Bei größeren Bauern mit entsprechend viel Gesinde wurde alle acht Wochen geschlachtet. Die großen Kinder bzw. das Kindermädchen trugen dann die Metzelsupp aus, was bei den armen Tagelöhnern einem Festschmaus gleichkam. Das meiste Fleisch wurde dabei ca. drei bis fünf Wochen in Salzlake gelegt und größtenteils geraucht. Dazu hing man es vier bis fünf Tage in die Rauchkammer, die auf dem Dachboden an den Kamin angeschlossen war. Das Kindermädchen hatte darauf zu achten, dass in der Küche immer genug Glut im Herd war, und musste diese, soweit möglich, mit frischen Brennnesseln und Wacholderzweigen abdecken, damit genügend würziger Rauch entstand.

Mit neun Jahren begann meine eigene Großmutter ihren Dienst als Kindermädchen. Morgens ging sie in die Schule, mittags bis abends hütete sie die Kinder und verrichtete nebenher allerlei leichte Arbeit. So musste sie dem Altbauern, der im Ausdinghaus lebte, das Essen bringen und dort sauber machen.

„Zom saga hot 'r nix meh, aber ma lost an no gelta", sagte einmal der Bauer zu ihr. Von dem als reich geltenden Altbauern bekam sie in der Woche einen Nickel, 10 Pfennig, als Trinkgeld, verbunden mit der Bemerkung, „pass guat drauf auf, des hane schwer verschparat", geschenkt.

Er war auch sonst ein rechter Bruddler, nix ging ihm schnell genug. Einer seiner markanten Sprüche war, „dia hättat's Wiesle ond da Acker au liabr en dr Tischschublad, no hättat se net so weit auf's Feld". Die Großmutter arbeitete von April bis November auf dem Hof und bekam dafür im ersten Jahr zehn, im zweiten 20 und im dritten Jahr 40 Mark Lohn. Die Bäuerin, die sie gut leiden mochte, schenkte ihr einmal einen Schurz und ein Anhängerle (Schmuck).

Ab und zu brachte auch einer Leis (Läuse) mit in die Schule, und in kürzester Zeit fing die ganze Schulklasse dann an, sich zu kratzen. Da gab es nur eines: die Haare abzuschneiden und jeden Morgen und Abend mit dem metallenen Leiskamm (Läusekamm) die Kopfhaut nach dieser unangenehmen Spezies abzusuchen.

Aber wenden wir uns einem erfreulicheren Thema zu: der Verpflegung unserer Altvorderen. Großmutter erzählte uns, dass es jeden Tag morgens um 6.30 Uhr einen Schwarzen Brei zu essen gab. Um 10.30 Uhr folgte eine Schüssel Milch, in die Brotstücke hineingebrockt wurden. Alle aßen aus einer Schüssel. Mittags gab es jeden Tag Fleisch. Zwei Knechte aßen von einem Teller. Die Hälfte des Fleisches blieb auf dem Teller liegen, kam in die Schublade, und abends wurde der Rest vertilgt. Das Besteck wurde nur am Mittwoch und Samstag gespült. Sonst schleckte man es ab, reinigte den Rest am Tischtuch und legte es zurück in die Schublade. Die Löffel waren übrigens aus Holz.

Gekochte Lunge und Kutteln galten als Armeleuteessen. Der Kaffee wurde aus selbst gerösteter Gerste hergestellt und mit Zichorie verbessert. Zur Abwechslung gab es morgens auch mal Brotsuppe mit Butter abgeschmelzt und Kartoffeln aus der Schale.

Alle zwei bis drei Wochen wurde die Bäuerin handgreiflich, denn es war Backtag. Schon am Abend zuvor wurde das Backhaus mit Reisigbüschala gefüllt und der Teig aglau. In den Teig kamen auch geriebene Kartoffeln, so blieb das Brot länger feucht und frisch. Gebacken wurden an die 40 Brotlaibe, die man bis zu drei Wochen im Keller lagerte. Nach dem Brot kamen die Blatzkuchen in den Ofen und danach leerte die Bäuerin unter Mithilfe eines Knechtes einen Sack Weizen hinein, um ihn in der Resthitze für den Schwarzen Brei zu rösten.

Am anderen Morgen musste meine Großmutter als Kleinste vom Gesinde in den Ofen kriechen und mit einem Besen das geröstete Getreide zusammenfegen. Der Ofenboden war noch so heiß, dass die Bäuerin ihr immer einen nassen Sack hineinreichte, um darauf knien zu können.

Die Holzasche des Backhauses war übrigens ein begehrtes Düngemittel. Auch wurde die Asche am Samstag, wenn Bodenschrubben angesagt war, mit kochendem Wasser aufgegossen, abgeseiht und als Bodenreinigungsmittel verwendet. Die Holzböden wurden mit weißem, feinem Sand bestreut und am Sonntag ausgekehrt.

Beim Gesinde herrschte eine genaue Rangordnung. Ganz oben in der Hierarchie stand der Oberknecht – war er mit der Arbeit seiner Untertanen nicht zufrieden, konnte es geschehen, dass sein Butterloch im Schwarzen Brei besonders groß ausfiel, und die anderen hatten mit der Schmelze das Nachsehen. Ihm nachgeordnet waren der Hauptknecht und der Ochsa- und Rossbua, wobei jener die erste Sprosse in seiner Karriere schon hinter sich hatte. Auf großen Höfen gab es auch noch die Hirtenbuben.

Natürlich hatte Großmutter auch lustige Geschichten auf Lager. Als der Kriegerverein – vielleicht meinte sie dabei alte Kriegsveteranen – 1912 nach Zürich fuhr, war dies für viele die erste große Fahrt in die Ferne. Nach einem gemütlichen feuchtfröhlichen Abend begab sich die angeheiterte Männerrunde in ihr Hotel. In einem Zimmer fing es plötzlich an zu poltern und die Kameraden suchten und fanden auch das Zimmer, aus dem die merkwürdigen Geräusche kamen. Als sie es betraten, sahen sie ihren Freund wacklig auf dem Tisch stehen, wo er eingehend die Beleuchtung betrachtete. „Ein Glück, dass ’r kommat, vielleicht könnat ihr des Licht ausblosa.“ Er sah zum ersten Mal in seinem Leben eine Glühbirne. Wir waren völlig sprachlos ob der vielen Geschichten, die Großmutter kannte, und baten sie, doch weiterzuerzählen. Wie waren die Leute früher angezogen, wollten wir wissen. Und wieder schnürte sie uns ein Überraschungspaket auf. Sie erzählte uns, dass zu ihrer Zeit auch die Buben bis zum Schulbeginn Röcke anzogen – und zwar ohne Unterhose. Das schien mir aber doch etwas unglaubwürdig. Worauf sie ganz energisch sagte: „Ha, beim Schlittafahra hemers jo gseah, wenn se von ihre Schlitta gfloga send."

Es darf gelacht werden. Wir taten es auch ausgiebig. Und da wir schon beim Thema sind, Großmutter behauptete, in ihrem ganzen Leben keine Unterhose getragen zu haben. Denn des Gemaugl kent sui net braucha.

Nachdem nun auch dieses Geheimnis gelüftet war, dürfen wir Ihnen verraten, dass die erste Unterhose, die sogenannte Stehbrunzhose, die unten offen war, hiermit auch aktenkundig ist.

Vom Spreuersack

Der Dinkel gehört, wie auch die nur noch in den Genbanken vorrätigen Weizenarten Einkorn und Emmer, zur Gruppe der Spelzweizen. Bei der Reife bleibt das Korn immer sehr fest von den Blütenspelzen umschlossen.

Der Spelz umschließt die Dinkelkörner fest wie die Rüstung einen Ritter und lässt sich nur schwer davon trennen. Die Bezeichnung Spelz kommt zweifellos von dem alten Wort spaltan, das gleichbedeutend ist mit „aufspalten“, und drückt hiermit die Schwierigkeit aus, das Korn von der Hülle zu trennen. Einerseits hat der Spelz mit Sicherheit dazu beigetragen, dem Dinkel den Garaus zu machen – man bedenke nur das mühsame Gerben –, andererseits verhilft er ihm aber, wieder auf die Beine zu kommen. Denn sein fester Panzer, eine fast undurchdringliche Verpackung, war sogar bei der Katastrophe von Tschernobyl nicht zu knacken. So konnte die Universität Konstanz nachweisen, dass durch die genannte Katastrophe die Dinkelkerne nur mit 5 bis 7 Becquerel belastet waren. Zum Vergleich:

Die EU-Kommission hat eine Höchstmenge von 600 Becquerel festgelegt. Aber auch bei Bleimessungen schneidet der Dinkel stets überdurchschnittlich gut ab. Ein unverwüstlicher Bursche also, aus altem Schrot und Korn.

Schon unsere Altvorderen wussten die harte Schale des Dinkels zu schätzen. Schützte diese ihn doch besser vor Krankheiten wie dem Brand, Vogelfraß und dem Lagern, wenn er also durch einen Schlechtwettersturz zu Boden gedrückt wurde. Somit war er im Ertrag immer sicherer als der Weizen.

Bedingt durch seinen dicken Pelz (Spelz) benötigt der Dinkel keine Ährenbehandlung – ein ganz wichtiger Punkt, der besonders in unserer Hightech-Zeit nicht vergessen werden sollte. Er muss also nicht gespritzt werden – ein ausgesprochen schwäbischer Dickkopf eben. Dass er, bedingt durch den Spelz, im Anbau sehr arbeitsintensiv und im Ernteertrag im Vergleich zum Weizen recht bescheiden ist, gefällt den Wachstumsfanatikern unserer Zeit hingegen überhaupt nicht. Doch lässt sich der Spelzen, besser bekannt unter der Bezeichnung Spreuer, auf vielfältige Art wieder verwenden.

Zuerst einmal eignet sich der Spreuer hervorragend zum Füllen von Schlafunterlagen, bekannt als Spreuersäcke. Besonders zum Füllen von Kindermatratzen war er bis in unsere Zeit hinein beliebt. In Spezialwerkstätten können heute noch mit Spreuer gefüllte Matratzen bezogen werden. Aber auch bei der Herstellung von Polstermöbeln war der Spreuer sehr gefragt.

Eine wichtige Funktion erfüllte der Spreuer auch als Vieheinstreu und Viehfutter. Vermengt mit Gerbstaub und Schälkleie diente er der Gänse- und Hammelmast. Mit Kleie vermischt wurde er an die Pferde verfüttert. Gekochte Spreu ließ sich auch als Magenfüller für Mutterschweine verwenden oder diente untergepflügt als Dünger.

Aber noch sind wir nicht am Ende unserer Spreuergeschichten. Wenn Bauern früher auf den Markt fuhren, verpackten sie die Eier in große Weidenkörbe. Die darin ausgelegten Spelzen sorgten dafür, dass die Ware heil ankam.

Zudem diente Spreuer als Einstreu im Hühnerstall und war bei der Kükenaufzucht eine große Hilfe. Dass Spreuer auch beim Bauen

Verwendung fand, ist Ihnen sicher bekannt. Er diente in Zwischenböden gelagert als Isoliermaterial und war den Mäusen zugleich ein ideales Winterquartier. Zudem mengte man ihn dem Lehm bei, um die Häuser damit zu verputzen und Steine zu fertigen.

So hat man 1975 bei Ausgrabungen in mehreren Siedlungen westlich vom Schwarzen Meer massenhaft Spelzabdrücke in gebranntem Lehm festgestellt – geschätzt aus der Zeit zwischen 4.500 und 4.800 v. Chr. Der Spelz wurde also schon damals bewusst zum Strecken von Ton zum Wandverputzen und zur Keramikherstellung verwendet. Aber auch im Gesundheitsbereich war er von Nutzen. So legte man bei Bauch- und Zahnschmerzen heiße Spreuersäckchen auf die jeweilige Stelle.

Und auch zum Aufdecken von heimlichen Liebesbeziehungen musste der Spreuer herhalten. Wollte der Nebenbuhler zum Beispiel seinem Kontrahenten eins auswischen, so schlich er ihm des Nachts mit einem gefüllten Sack mit Spreuer nach und streute davon kräftig auf die Fährte. Am anderen Tag sorgte dann der Dorfklatsch für den Rest. Wurde der Verräter aber ertappt, musste er sich Beschimpfungen wie „Du Kleiabeutel“ oder „Du mit deim Spreuersegele“ gefallen lassen.

Endlich frisches Wasser

Meine Großmutter erinnerte sich noch gut daran, wie ihr Vater sie um eine Bodendecke Wasser bat, als sie ihm das Waschwasser brachte. Das kostbare Nass war auf der Alb ein wertvoller Rohstoff, mit dem sehr sparsam umgegangen wurde. Mit dem Wasser habe der Vater sorgfältig sein Gesicht und seine Hände gesäubert und sie dann gebeten, das Restwasser unter dem Apfelbaum zu verteilen.

Nicht, dass auf der Alb weniger Regen fällt als anderswo, aber das Wasser versickert sofort im weißen und porösen Kalkstein, um später die Bäche und Flüsse der Täler zu speisen. Die Alb ist noch heute wie ein riesiger Schwamm und als solcher ein unerschöpflicher Wasserspeicher. Gemeinden, die keine eigene Quelle besaßen, legten deshalb früher in der Dorfmitte große mit Lehm abgedichtete Hülen an. Morgens und abends wurde hier das Vieh getränkt. Tagsüber benutzten Gänse und Enten den Teich als Freischwimmbad.

Die Pferdebuben trieben ihre Vierbeiner hinein, um sie zu tränken und zu waschen. Ein Kopfsprung vom Pferderücken schloss das

Badevergnügen ab. Die Wagner, aber auch die Bauern legten im Frühjahr ihre Holzräder ins Wasser, damit sie aufquollen und besser hielten. Am Haus selbst legten die Bauern Zisternen an, die in den heißen Sommermonaten meist austrockneten, bzw. das Wasser wurde so trüb, dass es zu stinken anfing. Die Hausfrauen warfen dann Birkenzweige oder Salz in das Wasser, um es zu reinigen, was wohl nicht lange anhielt.

Im Juni war es meist so weit, dass der Wassernotstand ausgerufen werden musste. Wenn überhaupt, wusch sich die Familie in einer Schüssel voll Wasser. War auch dies nicht mehr möglich, benutzten die Frauen das Kochwasser der Spätzle, um ihre Kleinsten zu säubern. Wenn die Bäuerin verzweifelt ausrief: „Ma, fahr au ens Tal ond hol Wasser. Dui Soichbrüah en dr Hüle sauft et mol meh's Vieh", war es höchste Zeit, das kostbare Nass vom Tal auf die Alb zu karren.

An manchen Tagen waren an die zweihundert Fuhrwerke mit ihren Wasserfässern unterwegs – und das oft mitten in der Erntezeit. Jedes Jahr starben unzählige Menschen und Tiere am verunreinigten stinkenden Wasser der Zisternen und der Hülen. Nicht umsonst tranken die Menschen in jener Zeit lieber Most zum Essen.

In dieser Situation war das Erscheinen des Ingenieurs Karl Ehmann ein seltener Glücksfall der Geschichte. Der Gründer der Albwasserversorgung hatte die Vision, die Alb unter Wasser zu setzen. Seine Auseinandersetzung mit den Behörden und den uneinsichtigen Bauern ließen ihn nicht den Mut verlieren.

Und es wurde gestritten auf Teufel komm raus. Die Befürworter nannte man „die Nassen" und die Gegner „die Trockenen". Besonders die wohlhabenden Pferdebauern waren dagegen, denn sie sahen ihre gute und sichere Geldquelle in Gefahr. Der Wasserhandel brachte gutes Geld in die Taschen der Wassertransporteure. Nur mit Unterstützung des engagierten Schultheiß von Justingen konnte das jahrhundertelang gewachsene Misstrauen gegen die Obrigkeit schließlich abgebaut werden. Die Gegenargumente, „dia wöllat doch bloß onser Geld, dia Halsabschneider aus Schtuagart", unterlagen am Ende doch der Vernunft, und am 11. Mai 1870 erfolgte der erste Spatenstich des gemeinsamen Wasserpumpwerks in Schmiechen. Am

18. Februar 1871 war es dann so weit. Das kostbare Nass lief zurück zu seinem Ursprung auf die Alb und überzeugte auch die letzten Zweifler. Flugs setzte eine Prozession von Neugierigen ein, um das Wunder der Alb zu besichtigen. Viele schlugen das Kreuz, denn mit rechten Dingen konnte das alles nicht möglich sein. Wasser, das bergauf lief? Da musste der Teufel seine Hand im Spiel haben. Einige Jahre später waren die meisten der Alb-Dörfer mit fließendem Wasser versorgt und für die Bäuerinnen ging ein Traum in Erfüllung, denn sie konnten endlich im Sommer ihren Garten bewässern.

Wenn wir im Sommer bei unserer Großmutter die Ferien verbringen durften und um eine Limo baten, kam nicht selten der Spruch von ihr: Trink Wasser wie das liebe Vieh und denk es ist Krambambuli. Dabei zeigte sie auf den Wasserhahn.

Ist noch Suppe da?

Im alten Rom sowie im mittelalterlichen Deutschland wurde die Suppe nicht mit dem Löffel gegessen, sondern mit Brot ausgetunkt oder einfach ausgetrunken. Suppen kamen im Topf auf den Tisch und wurden gemeinsam verspeist.

Anfang des 18. Jahrhunderts gab es für das einfache Volk in unseren Breiten zu jedem Essen eine kräftige dicke Suppe oder einen Brei. Dabei wurde die Suppe allerdings nicht zwingend immer zu Beginn des Menüs serviert – einmal kam der Braten zuerst und die Suppe am Schluss oder umgekehrt, und nicht selten war die Suppe auch die Hauptspeise.

In China bekommt man heute noch eine klare Brühe als Abschluss eines jeden Essens. Dafür gibt es wiederum keinen Kaffee – da ist so ein richtiger Suppenschwabe mehr als froh, wenn er wieder zu seinem heimatlichen Suppentopf eilen darf.

Welch wahre Götterspeisen brodeln doch heutzutage in unseren Töpfen! Da gibt es Wein-, Milch-, Bier-, Metzel- oder Hochzeitssuppen. Die Zahl der Suppenvariationen ist unendlich und mannigfach. Doch auch eine Urform der Suppe erfreut sich nach wie vor großer Beliebtheit: Eine alte Henne langsam ausgekocht – und die gab es früher fast überall –, sorgt immer noch für eine kräftige Brühe.

Nicht selten erfüllte so ein alter Mistkratzer noch gute Dienste, um neues Leben auf den Weg zu bringen. Denn die Wöchnerin- bzw. Kindbettsuppe bestand aus einer kräftigen Fleischbrühe, die mit einem Ei verfeinert war. Auf dem Land war es früher üblich, dass die Wöchnerin von den Nachbarinnen mit dieser speziellen Suppe versorgt wurde.

Um eine gebundene Suppe zu kochen, wurde ein Zwerle (ein Klumpen aus Wasser und Mehl) angerührt. Zwerleinsuppen haben einen schlechten Nachgeschmack, bestanden sie doch meist nur aus Wasser, Mehl und Salz, und erinnern die Älteren noch an die schlechten Zeiten. Für gebundene Suppen verwendete man das übrig gebliebene Spätzles- oder Knöpfleswasser.

Klare Brühen – Fleischbrühe

Ca. 500 g Rindfleisch (Brustkern, Schulter, Wade),
empfehlenswert die Beigabe von einigen zerkleinerten Knochen.
Ein Stück Sellerie, Gelbe Rüben, Lauch und Liebstöckel
zusammenbinden und mitkochen. Eine halbierte, ungeschälte
und angeröstete Zwiebel, Salz und Muskat, ca. 2 l Wasser.

Das Fleisch und die Knochen in kaltem Wasser ansetzen und zum Kochen bringen. Wer eine besonders klare Brühe will, sollte die Fleisch-

brühe abschütten und das Fleisch kalt abspülen. Nun den Inhalt erneut zum Kochen bringen und das abgewaschene Fleischstück, das Suppengrün und die Zwiebelhälften dazugeben. Die Fleischbrühe köcheln lassen und hin und wieder den Schaum abschöpfen. Die Kochzeit beträgt ca. 2 1/2 Stunden. Im Schnellkochtopf ca. 1/2 Stunde. Diese Methode ist sicher schneller und preiswerter, aber ich konnte mich nie mit ihr anfreunden. Ich will den Fettaugen der Fleischbrühe Auge in Auge gegenüberstehen, nur so habe ich das Gefühl, dass sie gelingt und ich den genauen Zeitpunkt bestimmen kann, wenn das Fleisch fertig gegart ist. Bei zu stark gefetteter Brühe vor dem Anrichten das Fett abschöpfen. Mit Salz und frisch geriebener Muskatnuss abschmecken. Wer auf seine Flüssigwürze nicht verzichten kann – bitte – aber mäßig!

„A guata Floischbrüah“ ist dem Schwaben ebenso wichtig wie reichlich Soße zu seinen Spätzle. Meistens gab es donnerstags Siedfleisch, so hatte man am Freitag noch eine gute Brühe für die obligatorischen Maultaschen übrig. In ihnen befand sich das restliche Siedfleisch und andere Speisereste. War am Monatsende das Siedfleisch ausgefallen, wurden auch, und hier verrate ich ein streng gehütetes Küchengeheimnis meiner Tante Maria, die Maultaschen mit einer gehackten Leberfüllung zubereitet.

Der Schwabe hat nichts dagegen, wenn er als sparsam gilt, wenn es aber herauskommen würde, was manche so in ihren Maultäschle verstecken – lieber nicht! Wia hot sell Bäure doch gsait? „Kochat wär’s, wenn’s no scho gessa wär!“

Knochenbrühe

500 g zerkleinerte Rinderknochen, ein Teil davon Markknochen, Suppengrün, Salz und Muskat, ca. 2 l Wasser.

Die Knochen kurz aufkochen, die Brühe abschütten, die Knochen mit kaltem Wasser abspülen und erneut aufkochen. Suppengrün beigeben. Damit die Brühe Farbe bekommt, eine ungeschälte Zwiebel halbieren, mit den Schnittstellen in der Pfanne anbräunen und mitkochen. Die Brühe salzen und nur leicht köcheln lassen, damit sie nicht trübe wird. Ab und zu den Schaum abschöpfen. Die Kochzeit beträgt ca. 2 bis 3 Stunden, im Dampfkochtopf ca. 20 Min. Vor dem Servieren abseihen und eventuell entfetten. Mit Salz und Muskat abschmecken.
Nie klein geschnittenen Schnittlauch vergessen.

Hühnerbrühe

1 Huhn (Suppenhühner sind oft älter und müssen länger gekocht werden), Suppengrün, Salz und Muskat, ca. 2 l Wasser. Wer auf Nummer sicher gehen will, sollte junges Geflügel kaufen.

Das Geflügel kurz überbrühen und in kochendes Salzwasser geben. Langsam köcheln lassen und den Schaum abschöpfen. Junges Geflügel hat eine kurze Garzeit. Die Kochzeit hängt von der Größe der Tiere ab. Solange beim Einstechen mit einer Fleischgabel rosa Saft austritt, ist das Huhn noch nicht fertig. Das Geflügel vor dem Aufschneiden etwas abkühlen lassen, da sonst zu viel Fleischsaft austritt. So eine echte schwäbische Rennhenn darf ausnahmsweise im Schnellkochtopf gegart werden.

Backerbsensuppe

1–2 EL Milch, 30 g Mehl, 1 Ei, Salz, Backfett, Fleischbrühe.

Aus Mehl, Milch, Salz und Ei einen dickflüssigen Pfannkuchenteig anrühren. Dieser wird durch ein Knöpflessieb oder durch einen großen Schaumlöffel in das heiße Fett passiert. Die Backerbsen gleichmäßig hellbraun herausbacken. In einem Seiher gut abtropfen lassen. Ganz früher legte man die Backerbsen auf Brotschnitten, auf dass ja kein Tropfen verloren ging.
Vor dem Servieren gibt man die Backerbsen in eine vorgewärmte Schüssel und übergießt sie mit der heißen Fleischbrühe. Schnittlauch nicht vergessen!

Brätknödelsuppe

125 g Brät, 1–2 Eier, 1 Wecken, etwas Milch, Salz, Muskat, Fleischbrühe, Schnittlauch.

Das Brät einige Minuten gut durchrühren. Die Eier, den zerkleinerten, in der Milch eingeweichten und ausgedrückten Wecken sowie die Gewürze dazugeben und alles vermengen.
Aus der Masse mit einem Löffel kleine Knödel ausstechen, in das lauwarme Wasser legen und langsam zum Köcheln bringen, ca. 15 Min. ziehen lassen und dann in die heiße Brühe legen.
Die Brätknödel sind beliebte Einlagen in der Hochzeitssuppe. Schnittlauch nicht vergessen!

Brennnesselsuppe

4 große Hände voll Brennnesseln, 3/4 l Gemüsebrühe oder Wasser, 1 gehackte Zwiebel, 2 EL Butter, Mehl nach Bedarf, ca. 1/2 l Milch.

Die Brennnesseln in der Brühe ca. 8–10 Min. köcheln lassen. Das Mehl und die Zwiebel in der Butter anschwitzen, mit der Milch und der restlichen Brennnesselbrühe auffüllen und sämig kochen. Zuletzt die gut zerkleinerten Brennnesseln zugeben und kräftig abschmecken, mit einem Schuss Sahne verfeinern. Wer will, kann noch angeröstete Brotwürfel darüberstreuen.

Geigaknöpflessuppe

50 g Mutschelmehl, 2 Eier, Salz und Muskat.

Die Eier gut verquirlen, das Mutschelmehl unterrühren und würzen. Die Masse kurz quellen lassen, mit einem EL Knöpfla formen, in das siedende Salzwasser legen und 3–4 Min. ziehen lassen, insgesamt zugedeckt ca. 8–10 Min. köcheln lassen.
Wichtig: *Unbedingt zuerst ein Probeklößchen abstechen. Es muss sofort oben schwimmen. Geht es unter, ist der Teig zu hart und man gibt ihm noch etwas lauwarme Brühe oder Milch bei. Zerfällt das erste Klößchen, wird dem Teig noch etwas Mutschelmehl zugegeben und man lässt ihn nochmals ein wenig stehen.*
Gerät der Brei zu dick, bleibt nach dem Kochen in den Klößen ein har-

ter Kern zurück. Dann machen Sie das Teiglein beim nächsten Mal eben etwas dünner. Für das Auskochen der Klöße ist reichlich Brühe nötig, denn sie saugen sich voll, was recht wohlschmeckend ist.
Gegenüber der oben beschriebenen Alltagsvariante werden die Geigenknöpfle zum Sonntag oder gar bei einer Hochzeit in Fett braun herausgebacken – eigentlich ein Muss bei jeder Hochzeit! Natürlich kann man die braunen und weißen Knöpfla auch gemischt in die heiße Fleischbrühe legen. Schnittlauch nicht vergessen.
Die Geigaknöpflessupp zählt zu den Veteranen der schwäbischen Küche. Für das Geigamehl wurden früher extra geigenähnliche blasse Wecken gebacken und zermahlen. Aus den Ulmer Geigen wurde das geschätzte Ulmer Mutschelmehl zubereitet.

Goldwürfelsuppe

Altes Weißbrot oder Brezeln, 3 Eier, 5 EL Milch, Muskat, Salz, Fett oder Butterfett.

Das Weißbrot bzw. die Brezeln in gleichmäßige Würfel schneiden. Die Eier mit der Milch verkleppern und würzen. Die Brotstücke gut mit der Flüssigkeit tränken. Danach im Fett in der Pfanne goldgelb herausbacken. In die Teller verteilen und mit der heißen Brühe übergießen. Mit Schnittlauch bestreuen.

Flädlessuppe

Ca. 3 EL Mehl, ca. 1/8 l Milch, 1 Ei, Salz, Butter, Fleischbrühe.

Aus Mehl, Milch, Ei und Salz einen dünnflüssigen Pfannkuchenteig herstellen. Eine Pfanne mit einer Speckschwarte oder einem Hauch Butter ausfetten. Beim Einfüllen des Teiges die Pfanne leicht schräg halten und den Teig dünn verteilen. Die Flädla nun kurz auf beiden Seiten anbacken. Danach auf einem umgedrehten Suppenteller zum Auskühlen auslegen. Vor dem Servieren in dünne 3–4 cm lange Streifen schneiden und in die heiße Brühe geben.
Eine Flädlessuppe ohne Schnittlauch wäre eine Todsünde.
Dem Flädlesteig können Sie auch fein gehackten Peterling beimengen. Die Kräuterflädla werden auch gern zu Spargel serviert. Eine weitere

Variante sind die gefüllten Flädla. Hierbei werden die Flädla mit einer Masse aus eingeweichten Wecken, angedämpften Zwiebeln, Speckwürfeln und Ei bestrichen. Zusammengerollt, die Kanten mit Eiweiß bestrichen, werden sie in die kochendheiße Fleischbrühe gelegt, wo man sie einige Minuten ziehen lässt.

Hier wird regional bedingt Kartoffelsalat dazu gegessen. Feinschmecker stechen aus den Flädla mit einem Glas kleine Kreise aus, legen darauf eine Markscheibe, verschließen das Marktäschchen mit Eiweiß und lassen es in der heißen Brühe kurz ziehen.

Aus dem Volksmund

„Bei där aushausiga Kocherei gibt's oft a magers Teschtament", hot mei Großmutter emmer gsait.

Wenn im Wald der Dunst aufsteigt, sagte man zu den Kindern: „Guck, dr Osterhas bachat Flädla."

Markklößchensuppe

100 g Ochsenmark, 60 g Butter, 3–4 Eier,

Salz, Pfeffer, ca. 60 g Mutschelmehl, Fleischbrühe.

Das Mark aus den Knochen trennen, erwärmen, bis es flüssig wird. Abkühlen lassen und mit der weichen Butter schaumig rühren. Abschmecken. Das Mutschelmehl dazugeben und zu einer festen Masse verarbeiten.

Mit einem TL kleine Knöpfla formen, in die Fleischbrühe legen, kurze Zeit ziehen lassen und mit Schnittlauch bestreuen.

Leberknödelsuppe

150 g gehackte Rinderleber, 5 alte Wecken, 1 fein gehackte Zwiebel, Peterling, Majoran, 2 Eier, 1/8 l Milch, Salz, Pfeffer, Muskat, etwas Butter, Fleischbrühe.

Die Wecken in Scheiben schneiden und mit der lauwarmen Milch einweichen. Die Zwiebelwürfel und den gehackten Peterling in Butter anschwitzen. Die Wecken ausdrücken und mit den restlichen Zutaten vermengen. Wenn die Leberknödelmasse zu feucht ist, noch etwas Paniermehl untermengen. Ganz Vorsichtige legen einen Probeknödel in das köchelnde Salzwasser. Die Knödel ca. 20 Min. ziehen lassen. Danach in der Fleischbrühe mit Schnittlauch servieren.

Sehr gut schmecken Leberknödel auch auf Sauerkraut. Vor dem Servieren mit angedämpften Zwiebeln abschmelzen.

Empfehlenswert: Die gehackte Leber beim Metzger vorbestellen.

Leberspätzlessuppe

125 g gehackte Rinderleber, 125 g Mehl, 2–3 Eier, Schnittlauch, Zwiebeln, Pfeffer und Salz.

Aus den genannten Zutaten einen nicht zu festen Teig herstellen und gut schlagen. Etwas ruhen lassen. Mit dem Spätzlesschaber den Teig ins köchelnde Salzwasser geben, aufkochen lassen, die Spätzle herausnehmen und in eine Schüssel geben. Mit heißer Fleischbrühe aufgießen, mit angedämpften Zwiebeln abschmelzen und mit geschnittenem Schnittlauch bestreuen.

In schlechten Zeiten war dies ein komplettes Mittagessen. Dazu reichte man Kartoffelsalat. Dieses Gericht hat auch heute noch eine große Anhängerschaft. Eine schwäbische Einladung lautet meistens: „Ha, jetzt kommad halt amol vorbei." Sollte sich nun wider Erwarten der Besuch einstellen, so beherzigen Sie einfach den Spruch: „Drei sind geladen, sechs sind gekommen, gieß Wasser zur Suppe, heiß alle willkommen."

Riebelessuppe

Ca. 100 g Mehl, 1–2 Eier, Salz, Fleischbrühe.

Aus Mehl, Eiern und Salz einen festen Teig kneten. Danach den Teig mit einem Reibeisen ins köchelnde Wasser reiben. Verschiedentlich wird der Teig auch mit dem Messer in erbsengroße Stücke gehackt, oder man macht ihn mit einer Gabel an und zerkleinert ihn dann mit derselben in Riebele. In manchen Haushalten wurden Riebele auch getrocknet und in Leinensäckchen in der Speisekammer aufbewahrt.
Riebele sind nichts anderes als kleine hausgemachte Suppennudeln, die direkt in die leicht köchelnde Fleischbrühe gerieben werden. Dort lässt man sie noch ca. 5 Min. ziehen.
***Variante I:** Die Riebelessuppe hat auch süße Verwandte. So können die Riebele auch in köchelnde süße Milch gerieben werden.*
***Variante II:** Bei Grießriebele statt Mehl einfach Grieß verwenden.*
***Variante III:** Die Riebele in Salzwasser abkochen, abseihen, in Butter anrösten und mit Zwiebeln abschmelzen.*

Riebele heißt im Schwäbischen ganz einfach Stück oder Stückchen. Ruft ein Schwabe aus: „Der hot vielleicht an Riebel“, so meint er damit, dass der Angesprochene wohl einen großen Kopf habe. Als Riebele wird dagegen der Brotanschnitt bezeichnet. An Riebel Brot ist dann ein großes Stück vom Brotlaib.

Die Bezeichnung Riebele wird allerdings nur beim Brot verwendet. Wenn der Schwabe nach einem Stück Wurst verlangt, heißt das im Dialekt an Schonka Wurscht. Diese Sprachspielereien verstehen wohl nur Urschwaben, die ihre schwäbische Sprache schon mit der Muttermilch aufgenommen haben.

Die Riebelessuppe ist ein Relikt aus uralten Zeiten und wird heute nur noch selten aufgetischt. Die Hausfrau, bzw. der Hausmann, kocht heute Suppennudeln ab. Vor drei Jahren, als ich zu einer Metzelsupp, also einem schwäbischen Schlachtfest, eingeladen war, wurde den Metzgergesellen und mir eine althergebrachte Riebelessupp serviert. Und wie es seit Jahrhunderten Brauch ist, in einer fetten Metzelsuppe. Das ist die Brühe, in der das Schweinefleisch, also der Kopf, Schwänzle, Knöchla usw. gegart werden.

In Fischers „Schwäbischem Wörterbuch“ finden wir unter Riebelein: Auf dem Reibeisen oder sonst in kleine Flocken zerteilter Teig zur Riebeleinsupp, wie sie unsere Altvorderen noch bezeichneten.

Riebeleinsupper ist auch der Spottname von Schömberg, nicht umsonst hieß die Suppe dort auch Schömberger Supp.

Bettelsupp

Spätzles- oder Knöpflesbrühe, Salz, Muskat,
1 Zwiebel, Schmalz, Knöpfla oder Spätzle.

Nach dem alten Wahlspruch der Schwaben „Jo nix vrkomma lau“ wurde die Brühe, in der die Spätzle oder Knöpfla gekocht hatten, früher nicht weggeschüttet, sondern zu einer Suppe weiterverarbeitet.
Die Hausfrau gab noch eine Handvoll Spätzle oder Knöpfla in die trübe Brühe, würzte sie kräftig und schmelzte sie herzhaft mit in Schweineschmalz goldbraun gebackenen Zwiebelwürfeln ab. Verfeinert wurde die Suppe mit gehacktem Grünzeug und eventuell mit geriebenem Hartkäse. Die Bettler allerdings bekamen nur die trübe Brühe ohne Schmalz und Zwiebeln. Vielleicht gab eine gute Seele auch einmal a altbackens Riebele Brot zom Eidonka drzua.

Blumenkohlsuppe

1 kleiner Blumenkohl, 30 g Butter, 40 g Mehl,
1 1/2 l Wasser, 1 Eigelb, Sahne, Salz und Muskat.

Den Blumenkohl 10 Min. in Salzwasser legen, dann ergreift auch das letzte Würmchen die Flucht. Den Kohl in kleine Röschen teilen und ca. 8–10 Min. in reichlich Wasser kochen lassen. Danach aus Butter und Mehl eine Mehlschwitze ansetzen und mit der Blumenkohlbrühe aufgießen. Die Suppe abschmecken und einige Minuten köcheln lassen.
Vor dem Servieren die nicht zu weich gekochten Blumenkohlröschen zugeben. Die Sahne mit dem Eigelb verkleppern und die Suppe damit verfeinern. Nicht mehr kochen lassen.

Variante: In der einfacheren Ausführung benützt man nur den Blumenkohlsud zur Suppe. Empfehlenswert ist, dem Kochwasser eine Tasse Milch beizugeben. Als Einlage nimmt man hier den fein gehackten Strunk. Etwas Sahne zum Schluss sollte auch hier nicht fehlen.

Brennsuppe

50–60 g Fett, ca. 4 EL Mehl, ca. 1 1/2 l Wasser, Salz, Pfeffer, 1 Zwiebel. Auf Wunsch etwas Kümmel, Gewürzkräuter und, wer will, einen Löffel Essig.

Das Fett gut erhitzen, das Mehl unterrühren, langsam anbräunen, die Zwiebelwürfel mitbraten und mit lauwarmem Wasser auffüllen. Die Brennsuppe gut abschmecken und anschließend mindestens 10–15 Min. köcheln lassen.

Gerne wurde die Suppe mit etwas Wein oder Most verfeinert. Regional verschieden wurden in Schmalz angeröstete Brotwürfel in die Suppe gegeben.

Die Brennsupp, auch Braune Mehlsupp, Einbrenn- oder Gebrannte Mehlsupp genannt, zählt zu den Urahnen der schwäbischen Suppenküche. Sie fehlt in keinem alten Kochbuch und wird je nach Region verschieden betitelt. Auf den heutigen Mittagstischen ist sie jedoch so gut wie verschwunden. Der Aufwand, die rauchende Küche und der Geschmack entsprechen wohl nicht mehr dem Zeitgeist.

Sollten Sie trotzdem eine dieser würzigen Brennsuppen zubereiten, müssen Sie einige Grundregeln beachten: Als Fett nie Butter oder Margarine verwenden, denn sie würden verbrennen und die Suppe würde bitter schmecken. Nehmen Sie also Öl oder Butterfett. Zum Ablöschen der Mehlschwitze zuerst nur kaltes oder lauwarmes Wasser nehmen. Später können Sie mit heißem Wasser weiter auffüllen. Wer gerne fettarm kochen will, kann das Mehl auch in der Backröhre in einer Pfanne anbräunen. Ab und zu umrühren.

Heute wird die Brennsupp als eine Art Eintopf mit Kartoffeln oder Bohnen wieder aufgetischt. Und sie ist Hauptbestandteil der schwäbischen Kuttelsupp, die auch heute noch hoch geschätzt wird.

Geschmelzte Brotsupp

Ca. 100–150 g altes Brot oder Wecken, 1 1/2 l Wasser, 1 Zwiebel, 50–70 g fettes Rauchfleisch, Schmalz, Salz, Pfeffer, Kümmel, Majoran, nach Belieben 1 Ei.

Die Speckwürfel anrösten, das zerkleinerte Brot beigeben und mit dem Speck kurz anrösten. Mit Wurstbrühe oder dem Wasser auffüllen und gut durchkochen. Vor dem Servieren das verklepperte Ei unterziehen. Würzig abschmecken.

Die Zwiebelwürfel im Fett anrösten und die Suppe damit abschmelzen. Kräftig mit Schnittlauch bestreuen.

Dazu gab es gekochte Kartoffeln, die in der Suppe zerdrückt wurden.

Brotsupp mit Leberwurst

Ca. 200 g altbackenes Schwarzbrot, 1 Stück Sellerie, 1 Stange Lauch, 1 Gelbe Rübe, 1 Zwiebel, Peterling, Salz, Pfeffer, Majoran, 1 1/2 l Wurstbrühe oder Wasser, 1 EL Mehl, 100 g Leberwurst.

Das Gemüse zerkleinern und dämpfen, bis es gar ist. Zusammen mit dem eingeweichten Brot durch ein Sieb streichen oder durch den Wolf drehen. Die Zwiebelwürfel mit dem zerkleinerten Peterling in Fett anschwitzen, das Mehl beigeben und alles zusammen leicht anbräunen. Das durchgesiebte Gemüse und Brot beigeben, mit der Brühe auffüllen und aufkochen lassen. Kräftig abschmecken. Zur Geschmacksverbesserung wird noch die hausgemachte Leberwurst untergerührt.

Aufgebrühte Brotsuppe

120–150 g Schwarzbrot, Salz, Muskat, 1 1/2 l Fleischbrühe, etwas Butter, 1 Zwiebel, 1 Eigelb.

Diese Art von Brotsuppe ist besonders schnell zubereitet. Sicher wurde sie in der Erntezeit, wenn die Bäuerin wenig Zeit hatte, aufgetischt.

Dazu brauchen Sie heiße Suppenteller. In jeden Teller kommt ein Eigelb und darüber ein paar frische Brotscheiben. Nun gießt man die kochendheiße Fleischbrühe darüber und fertig ist die Suppe.

Wer will, kann die Suppe noch mit in Butter angerösteten Zwiebeln abschmelzen. Und Schnittlauch nicht vergessen.
Eine ähnliche Suppe bekam ich in Lissabon serviert. Nur war auf dem Suppentellerboden frischer Knoblauch eingelegt. Einfach köstlich.

Die Brotsuppe ist sicher keine schwäbische Erfindung. Sie wurde und wird aber nirgends so geschätzt, verfeinert und in allen möglichen Varianten aufgetischt wie in Süddeutschland.

Besonders nach dem Krieg wurde kein Brotriebele vergeudet und fand mit Sicherheit den Weg in den Suppentopf. Jeder war froh, wenn in der Nachbarschaft geschlachtet wurde und er ein Kännchen Metzelsupp oder Wurstbrühe abholen konnte. So schwammen wenigstens ein paar Fettaugen auf der Suppe.

In der Stadt gab es an bestimmten Tagen für ein paar Pfennige Wurstbrühe beim Metzger. Wohl dem, der eine große Verwandtschaft hatte, denn nach dem Motto: „Viel Vettra, viel Lompa, viel Bäsla, viel Metzelsupp“ kam man doch des Öfteren zu einer kräftigen Suppe.

Die Brotsuppen wurden ganz individuell zubereitet. Die einen drehten das Brot durch den Wolf oder strichen es durch das Sieb, die anderen liebten ihre Brotstücke auf dem Löffel zu betrachten. Vielfach wurde die Suppe, die ein komplettes Essen darstellte, mit Kartoffelstücken und Gemüse angereichert. Bei uns zu Hause wurde sie immer mit Zwiebeln abgeschmelzt. Bei größeren Bauern und in wohlhabenden Bürgerhäusern wurden auch rote Würste, Saiten oder Leberwurst dazu gereicht. Wo Schmalhans Küchenmeister war, verlängerte man die Brotsupp mit Mager- oder Buttermilch.

Als die Zeiten besser wurden, verfeinerte man die Suppe mit Sahne und Eigelb. Um der nicht so sehr geschätzten Suppe eine andere Geschmacksrichtung zu geben, rundete der eine oder andere die Brühe mit einer Tasse Bier ab.

Im Oberland, also mehr Richtung Allgäu, mischte man der Suppe auch geriebenen Hartkäse bei. In alten Zeiten, als die Brotsuppe noch eine geschätzte Fastensuppe war, streuten unsere Altvorderen noch Mandeln und Weinbeeren als Gaumenschmeichler darüber.

Die Fastensuppe, die ja bekanntlich nur ohne Fleisch hergestellt werden durfte, war unter der Bezeichnung Wasserschnalle bekannt. Beliebt war und ist erstaunlicherweise noch die Brezelsupp. Obwohl auch als Fastensuppe ins Abseits geraten, feiert sie wieder eine kleine Auferstehung. Die Brezelstücke werden dabei in verkleppertes Ei gelegt und mit heißer Fleischbrühe übergossen. Schmeckt sogar Nordlichtern gut.

Böse Zungen behaupten, manche Schwaben streichen auf die Brezeln deswegen keine Butter, damit sie den Rest noch zu einer Brezelsupp verarbeiten können.

Einlaufsuppe

1 l Fleischbrühe, 2 Eier, 1 EL Mehl, Salz und Muskat.

Die Eier und das Mehl verkleppern und salzen. Danach langsam in die köchelnde Fleischbrühe einrühren und aufkochen. Mit Salz und Muskat abschmecken und mit Grünzeug bestreuen. Eine schnelle Verlegenheitssuppe für alle Fälle.

Erbsensuppe

300 g gefrorene grüne Erbsen, ca. 1 l Wasser, 1 Zwiebel, 1 Gelbe Rübe, Salz, Pfeffer, 1 EL Butter, ca. 1 l Fleischbrühe.

Die Erbsen mit Wasser ansetzen, zum Kochen bringen und abschäumen. Die Gelbe Rübe und die Zwiebel in grobe Würfel schneiden und mitkochen. Wenn die Erbsen das Wasser aufgesaugt haben, sollten sie fertig gegart sein. Erbsen und Gemüse durch ein Sieb streichen. Mit der Fleischbrühe verdünnen, so dass eine sämige Suppe entsteht. Kräftig abschmecken. Vor dem Servieren ein Stück Butter beigeben oder mit angebräunten Zwiebel- und Speckwürfeln abschmelzen. Eine kräftige Wintersuppe, die den Hunger zügelt.

Variante: *Feinschmecker streuen geröstete Weißbrotwürfel und fein geschnittenen Sauerampfer auf die Suppe.*

Grießsuppe

1 l Fleischbrühe, ca. 60 g Grieß, Salz und Muskat, 1 Ei, Grünzeug.

Die Fleischbrühe zum Kochen bringen, den Grieß einrühren und ca. 20 Min. köcheln lassen. Abschmecken und das verklepperte Ei unterziehen. Mit Grünzeug bestreuen.

***Variante:** Bei der eingelaufenen Grießsuppe wird der Grieß mit 2–3 Eiern angerührt und in die Brühe gegeben.*

Brennte Grießsuppe

Ca. 60–80 g Grieß, ca. 50–60 g Fett, Salz und Muskat, ca. 1 l Wasser oder Brühe, 1 Ei.

Den Grieß in dem zerlassenen Fett unter ständigem Rühren anrösten. Mit der Brühe oder dem Wasser auffüllen und einige Minuten köcheln lassen. Abschmecken. Mit einem Ei verfeinern oder mit angedämpften Zwiebeln abschmelzen. Mit Schnittlauch bestreuen. Wer will, kann noch einige fein geschnittene Lauchrädchen und etwas Sahne zugeben.

Grießknödelsuppe

50 g Butter oder Butterschmalz, 80–100 g Grieß, 2 Eier, Salz, Muskat, Fleischbrühe.

In die schaumig gerührte Butter werden nach und nach der Grieß und die Eier eingerührt. Mit Salz und Muskat würzen. Die Masse sollte mindestens 20–30 Min. quellen.

Danach werden mit einem Kaffeelöffel kleine Knödel ausgestochen, die man in der anderen angefeuchteten Hand in eine längliche Form dreht und ins köchelnde Salzwasser legt. Können der Materie bringen die Grießknödel mit 2 Kaffeelöffeln in die richtige Form. Die Knödel im Wasser oder der Brühe ca. 15–30 Min. leicht köcheln lassen. Danach in der Fleischbrühe servieren. Mit Schnittlauch bestreuen.

Gebackene Grießknödel

120 g Grieß, 1/4 l Milch, 2 Eier, Salz, Muskat, Fett.

Den Grieß in die kochende Milch einrühren, bis alles eine feste Masse bildet. Etwas abkühlen lassen, die Eier und Gewürze untermengen.

Wer will, kann auch noch frisch gehackten Peterling beigeben. Nun wie gehabt Knödel formen und im heißen Fett ausbacken. In der Fleischbrühe noch etwas ziehen lassen. Grünzeug nicht vergessen.

Die gebackenen Grießknödel findet man auch in der Hochzeitssuppe wieder. Am weitesten verbreitet ist die Brennte Grießsupp, die sich bis in unsere moderne Zeit hinein gerettet hat. Mit einem Schuss Flüssigwürze oder Maggikraut (Liebstöckel) ist sie ein regelmäßiger Begleiter am Mittagstisch. Der Schwabe liebt angeröstete Gerichte von früher her, sei es nun die Brennsupp, der Schwarze Brei (angerösteter Dinkel), Brennt's Mus aus geröstetem Mehl, oder die Brennete, eine saure Soße aus angebräuntem Mehl. Konnte man doch manchem Essen eine andere Geschmacksrichtung verpassen und eventuell nicht mehr so frische Lebensmittel, die schon ein gewisses Geschmäckle hatten, wieder hoffähig machen.

Gerstensuppe

60–80 g Gerste, 1 l Fleischbrühe, Salz, Muskat, Sahne und 1 Ei.

Die Gerste kurz waschen und abtropfen lassen. In der Fleischbrühe ansetzen und ca. 1 1/2 Stunde köcheln lassen. Vor dem Servieren abschmecken, mit Sahne und dem Eigelb verfeinern. Reichlich mit Grünzeug bestreuen.

Über die Grenzen hinaus bekannt war im Mittelalter die Ulmer Gerste, auch Rollgerste, Gerstengraupe oder Perlgraupe genannt. In früheren Zeiten spielte die Gerstensuppe als Krankenkost eine nicht unbeachtliche Rolle. Allerdings wurde sie dabei durch ein Sieb passiert. Die Ulmer Gerste, in einer der vielen Ulmer Mühlen geschrotet, wurde im 18. und 19. Jahrhundert in Fässern verpackt bis nach Petersburg versandt.

Gemüsesuppe

Je nach Jahreszeit – Gelbe Rüben, Sellerie, Lauch, Kraut, Blumenkohl, Kartoffeln, Brühe.

Das Gemüse waschen und in kleine Würfel schneiden. Im Wasser oder in der Fleischbrühe weich kochen. Gemüse mit kurzer Garzeit erst später dazugeben, z.B. Blumenkohl. Mit Salz und Muskat abschmecken. Mit Schnittlauch nicht sparen.

Die klare Gemüsesuppe kann nach Bedarf mit Mehl oder Grieß abgebunden werden.

Grünkernsuppe

2–3 EL Butter, 1 Lauchstange, 1 kleine Sellerieknolle, ca. 70 g Grünkernmehl, 1 1/2 l Wasser oder Gemüsebrühe, Salz, Muskat, etwas Sahne.

Das Gemüse waschen, klein schneiden und in der Butter anschwitzen. Das Grünkernmehl dazugeben, kurz mit andämpfen und mit der Brühe aufgießen. Gut durchrühren und zum Kochen bringen. Abschäumen und langsam ca. 15 Min. köcheln lassen. Vor dem Servieren mit der Sahne verfeinern, abschmecken und mit angerösteten Brotwürfeln garnieren.

Schon seit über 300 Jahren wird in Süddeutschland, besonders aber im Bauland, in der Gegend um Bad Mergentheim, Dinkel angebaut, in unreifem Zustand geerntet und auf sogenannten Darren getrocknet. Dass das Dinkelgetreide überlebte, hat es in erster Linie seiner Bescheidenheit zu verdanken. Es wächst auch noch in Höhen und auf Böden, wo der Weizen nicht mehr gedeiht.

Als Nahrungsmittel ist der Grünkern dank seines herzhaften Geschmackes und seines Nährwertes z.B. dem Reis und dem Sago weit überlegen. Aufgrund dieser Eigenschaften ist er in der Diätküche ein gern gesehener Gast. Ein Großteil der Ernte geht heute an die Suppenindustrie, wo er als Grundbestandteil von Fertigsuppen verwendet wird.

Haferschleim

60–80 g Haferflocken, 1 l Wasser, 1 Prise Salz.

Die Haferflocken mit kaltem Wasser ansetzen, ca. 20–30 Min. köcheln lassen und durch ein Sieb passieren.

Diese Krankensuppe schmeckt nach gar nichts. Mit Abscheu erinnere ich mich daran, wie wir in meiner Kindheit diese Läbberlessupp essen mussten. Aber bei verkorkstem Magen ist sie eine echte Wohltat und oft das Einzige, was man bei sich behält.

Wer sich einigermaßen erholt hat, kann die Suppe mit etwas Sahne und einem Eigelb aufpäppeln.

Hirnsuppe

1 Kalbs- oder Schweinehirn, 50 g Butter, etwas Mehl, Peterling, 1 Zwiebel, Salz, Muskat, 1 l Fleischbrühe oder Wasser, etwas Sahne, 1 Eigelb.

Das Hirn ca. 1/2 Stunde ins Wasser legen und häuten. Im Wasser aufsetzen und kurz kochen lassen. Herausnehmen und nach Belieben grob oder fein hacken. Die fein gehackte Zwiebel und den Peterling mit Butter andämpfen, etwas Mehl zugeben und mit der Brühe ablöschen, würzen, das Hirn beigeben und noch ca. 10 Min. köcheln lassen. Vor dem Essen das verklepperte Ei mit der Sahne darunterziehen. Dazu eine Butterbrezel, und Sie haben ein herzhaftes Essen.

Früher hieß es sogar, wer viel Hirn isst, wird gscheit. In ganz traurigen Fällen hilft vielleicht das Gebet: „O Herr, schmeiß Hirn ra."

Kartoffelsuppe mit Leberwurst

500 g rohe Kartoffeln, 1 klein gehackte Zwiebel, 2 EL fein gewiegten Peterling, 40 g Fett, 1 l Wasser oder Fleischbrühe, 2 Gelbe Rüben, 100 g Landleberwurst, 4 Scheiben in Würfel geschnittenes, geröstetes Schwarzbrot.

Die Kartoffeln schälen und in Würfel schneiden. Die geschälten Gelben Rüben ebenfalls klein schneiden und mit den Kartoffeln ca. 25 Min. kochen. Die Leberwurst in kleine Stücke schneiden und beigeben. Die klein geschnittene Zwiebel mit dem Peterling im heißen Fett hell an-

dünsten, unterrühren und die Suppe würzig abschmecken. Schwarzbrotwürfel anrösten, in eine Schüssel geben und die Suppe darüber anrichten.

Kartoffelsuppe mit Speck

500 g Kartoffeln, 1 große Gelbe Rübe, 1 Stange Lauch, 1 Zwiebel, Salz, Pfeffer, Majoran, 150 g Rauchfleisch vom Bauch, ca. 1 l Fleischbrühe oder Wasser.

Die Gelbe Rübe, die Zwiebel, den Lauch und die Kartoffeln klein schneiden und mit der Brühe aufkochen, würzen und ca. 20 Min. köcheln lassen, bis die Kartoffeln und das Gemüse gar sind. Danach alles durch ein Sieb passieren. Die Speckwürfel anrösten und in die Suppe geben. Wer hat, kann auch eine Speckschwarte mitkochen. Vor dem Servieren mit angerösteten Brotwürfeln garnieren. Mit gehacktem Peterling bestreuen.

Lauchsuppe I

1 große Stange Lauch, 50 g Fett, 60 g Mehl, Salz, Pfeffer, Muskat, etwas Sahne, ca. 1 l Wasser oder Fleischbrühe.

Die Lauchstange der Länge nach aufschneiden und gut waschen. Danach in Streifen schneiden. Die grünen Teile weglassen, da sie hart sind. Das Mehl im Fett leicht anbräunen, die Lauchstreifen kurz mit anschwitzen und mit Wasser auffüllen. Aufkochen, abschmecken und 15–20 Min. köcheln lassen. Vor dem Servieren mit der Sahne verfeinern. Mit Backerbsen oder gerösteten Brotwürfeln bestreuen.

Lauchsuppe II

1–2 Stangen Lauch, ca. 150 g Kartoffeln, 2 EL Butter oder Butterschmalz, ca. 1 l Wasser oder Fleischbrühe, Salz, Pfeffer, Muskat, etwas Sahne, gehackter Peterling.

Den Lauch zubereiten wie schon erwähnt. Die Kartoffeln schälen und in kleine Würfel schneiden. Die Butter oder das Fett erhitzen und die Kartoffeln und den Lauch anschwitzen. Mit dem Wasser oder der Brühe auffüllen, aufkochen, abschmecken und ca. 20 Min. köcheln las-

sen. Mit Sahne verfeinern und kräftig mit Peterling bestreuen.
Eine schnelle Lauchsuppe können Sie auch mit restlichem Kartoffelbrei bereiten. Zur Geschmacksverbesserung mit angebräunten Speck- und Zwiebelwürfeln abschmelzen.

Milchsuppe

Milch nach Bedarf, altes Weiß- oder Schwarzbrot, Hefekranz, Zucker oder Honig.

Die Milch erhitzen. In die erwärmten Suppenteller Brotscheiben legen und mit der heißen Milch überbrühen und zuckern.
Die Milchsuppe war in meiner Jugend ein gern gesehener Gast auf unserem Speiseplan. Besonders geschätzt wurde sie an kalten Winterabenden als Abendessen. Wenn vom Wochenende noch alter Hefezopf übrig war, schmeckte sie besonders gut. Ein echtes Resteessen.
Erwachsene würzten die Suppe mit Salz und Muskat, was nicht mein Fall war.

Mostsupp

6 Scheiben Schwarzbrot oder alte Riebele (Brotanschnitte), 1 l Most, Salz, Pfeffer, etwas Kümmel, 1/8 l Sauerrahm, 1 EL Butter.

Das Brot in Brösele (Krümel) zerkleinern und mit dem Most ca. 20 Min. köcheln lassen. Danach durch ein Sieb streichen. Abschmecken und mit Sauerrahm verfeinern.
In der Butter ein paar Brösele anrösten und über die Suppe geben.

Spargelsuppe

500 g Spargel, ca. 30 g Butter, ca. 60 g Mehl, ca. 1 l Spargelbrühe, 1 Ei, etwas Sahne, Salz, Muskat.

Die Spargel schälen, die harten Enden abschneiden, den Rest in kleine Stücke schneiden und im Salzwasser ca. 25–30 Min. weich kochen.
Von Butter und Mehl eine Mehlschwitze bereiten und mit der Spargelbrühe auffüllen, ca. 20–30 Min. köcheln lassen. Abschmecken. Die Spargelstücke zugeben. Das Eigelb mit der Sahne verkleppern und die Suppe damit verfeinern. Nicht mehr kochen lassen.

Tomatensuppe

Ca. 750 g reife und überreife Tomaten, 1 l Wasser oder Brühe, 3 EL Mehl, ca. 40–60 g Fett, Salz, Pfeffer, 1 Prise Zucker, etwas Sahne.

Die Tomaten im Salzwasser weich kochen und durch ein Sieb streichen. Aus Fett und Mehl eine helle Einbrenne herstellen und mit der Tomatenbrühe aufgießen. Gut durchrühren und abschmecken. Danach ca. 15 Min. köcheln lassen. Mit der Sahne verfeinern. Statt mit frischen Tomaten kann die Suppe auch mit Tomatenmark hergestellt werden, indem Sie der Mehlschwitze das Mark beigeben und kurz mit anschwitzen. Vor dem Servieren auf die Tomatensuppe angeröstete Brotwürfel oder etwas geriebenen Hartkäse streuen. Grünzeug nicht vergessen.

Ulmer Schneckensuppe

12 Schnecken aus der Dose, 1 kleine Zwiebel, etwas Butter und Weißwein, 1 EL Mehl, Fleischbrühe, Sahne, verschiedene Kräuter, Salz und Pfeffer.

Die fein geschnittene Zwiebel mit Butter andämpfen, die zerkleinerten Schnecken dazugeben, mit dem Weißwein ablöschen und ein paar Minuten köcheln lassen. Mit Mehl abstäuben und mit der Fleischbrühe und dem Schneckenfond auffüllen und nochmals ca. 30 Min. köcheln lassen. Zum Schluss die Sahne und die fein gehackten Kräuter dazugeben und würzig abschmecken.

Im Mittelalter hatte fast jeder Ulmer ein Schneckengärtle. Die Ulmer Schnecken waren berühmt. Sie wurden tonnenweise nach Wien geliefert. Viele Schnecken kamen auch vom Großen Lautertal nach Ulm. Bauern züchteten dort auf speziellen Äckern, die mit Salat bepflanzt wurden, Schnecken en gros. So erinnert sich der Köhlerwirt in Münzdorf noch gut an seinen Großvater, der neben seiner Tätigkeit als Mesner, Wirt, Linsentrierer und Köhler auch eine Schneckenmast betrieb.

Bärlauch-Giersch-Suppe mit Räucherspeck

300 g Giersch, 150 g Bärlauch, 150 g geräucherten Speck, 1 l Fleischbrühe, Mehl, Sahne, Salz, Pfeffer, Muskat.

Giersch- und Bärlauchblätter grob schneiden, den Speck in Würfel schneiden und alles zusammen in der Fleischbrühe bei mittlerer Temperatur 30 Min. gar kochen, abbinden, vor dem Servieren würzen und die Sahne zugeben. Giersch enthält sehr viele wichtige Vitamine, ist aber als Unkraut gefürchtet.

Hungerleidersupp

2 l Wasser, 50 g Butter, 1/2 Knollensellerie, 2 kleine Petersilienwurzeln, 1 kleine Stange Lauch, 2–3 Gelbe Rüben, 2 Zwiebeln, 1 Zehe Knoblauch, 2 Lorbeerblätter, Salz, Pfeffer, Muskat.

Das Wurzelgemüse waschen und in kleine Würfel oder Scheiben schneiden. Zwiebeln und Knoblauch schälen, ebenfalls klein schneiden. In einem Topf die Butter erhitzen, Gemüse, Zwiebeln und Knoblauch leicht anbraten – die Suppe bekommt so eine hellbraune Farbe. Mit Wasser aufgießen, die Gewürze dazugeben und ca. 1 Stunde köcheln lassen. Die falsche Fleischsuppe gab es mancherorts in der Fastenzeit.
Als Einlage nimmt man Gemüse, Grießknödel, Nudeln oder Reste.

Schwäbische Backspätzle

500 g Mehl, ca. 1/4 l Wasser und Milch, Salz, Muskat, ein wenig geriebene Zitronenschale, 5 kleine oder 4 große Eier, 1–1 1/2 l Backfett (früher Schweineschmalz) zum Ausbacken.

Mehl mit Wasser, Milch und Gewürzen zu einem festen Teig rühren. Die Eier trennen. Eigelb dem Teig zugeben und gut unterrühren. Das Eiweiß sehr steif schlagen und vorsichtig unter den Teig heben. Den Teig durch einen Spatzenhobel (Bollenspätzle ohne Zäpfchen), in heißes Fett hobeln und goldgelb backen. Die Backspätzle sollten möglichst schön rund und gleichmäßig sein.
Die Backspätzle in einer Dose aufbewahren oder frisch portionsweise einfrieren.

Eintopf – das Multitalent

Nach dem Brei stand der Eintopf auf dem Speiseplan gleich an zweiter Stelle, und das nicht nur bei der ländlichen Bevölkerung. Über Jahrhunderte bildete er eine wesentliche Ernährungsgrundlage.

Der Grund: Auf den offenen Feuerstellen gab es nur Platz für einen Topf, und in dem brutzelte alles, was Haus und Garten zu bieten hatten. Angefangen von Kohl, Hülsenfrüchten, Getreideschrot und Fleisch, sofern vorhanden. In den Kesseln köchelte eine ständig wechselnde Brühe, deren Inhalt von der Jahreszeit und dem Jagdglück des Hausherrn abhing.

Wegen des geringen Geschmackswertes von Körnern und Gemüse fügte man dem Eintopf nach Möglichkeit Speck, Würste oder Rauchfleisch bei. Besonders die im Südwesten geschätzten Erbsen-, Linsen- und Bohneneintöpfe wurden damit aufgepäppelt. Sehr geschätzt waren Eintöpfe in der Erntezeit, als auch die Frauen zur Arbeit mit aufs Feld kommen mussten und die Mahlzeiten vorgekocht und schnell aufgewärmt wurden.

Nach Erkältungen, bei nervösem Magen, Kopfweh und manch Arten von Magenkrämpfen ist Suppe oder Eintopf das beste Nahrungsmittel. Das Sprichwort: „Wer lange suppt, lebt lang“, hat wohl etwas Wahres an sich.

Um den Eintopf noch zu verfeinern, wird er bei uns gerne mit geschmelzten Zwiebeln serviert – so wie in Italien mit Parmesan oder in Frankreich mit einem Schuss Wein. Der Eintopf lässt sich gut mit restlichem Püree oder rohen, geriebenen Kartoffeln abbinden. Eintöpfe mit Hülsenfrüchten sollten mit kaltem Wasser und ohne Salz aufgesetzt werden, das verkürzt die Garzeit. Und man kann beim Eintopfkochen sparen, indem man preiswertes Fleisch verwendet.

Zum Schluss noch eine alte Volksweisheit: „Mit dr Gabl isch's a Ehr, mit am Löffel kriagd ma mehr.“

Bohneneintopf

Ca. 130 g weiße Bohnenkerne, ca. 1 l Wasser, 250 g Rauchfleisch vom Bauch, 120 g Gelbe Rüben, 120 g Kartoffeln, 1 Zwiebel, Salz, Pfeffer.

Die weißen Bohnenkerne, früher abwertend als Saubohnen bezeichnet, über Nacht einweichen. Dann mit dem Bauchspeck in ca. 1 l Wasser aufsetzen und ca. 1 Stunde kochen lassen.

In der Zwischenzeit das Gemüse putzen, die Kartoffeln schälen, in Scheiben schneiden und zu den Bohnen geben. Kräftig abschmecken, zusammen noch ca. 30 Min. köcheln lassen. Den Bauchspeck herausnehmen, in Würfel schneiden und unter das Gemüse mischen. Wer will, kann ihn auch in Scheiben schneiden und auf die Teller verteilen.

Dazu ein kerniges Bauernbrot und ein Glas Most, schon legt das Ränzlein einen Jubeltag ein.

Gaisburger Marsch

Ca. 500 g Brustkern vom Rind, ca. 1 l Wasser, 1–2 Gelbe Rüben, 1 Stück Sellerie, 1 kleine Lauchstange, 1 angeröstete Zwiebelhälfte,

damit die Brühe eine schöne hellbraune Farbe bekommt,
Salz, Muskat, 1 EL Butter, 1 Zwiebel,
Schnittlauch, Spätzle und Kartoffelwürfel.

Das Wasser mit dem Gemüse, Salz und dem gewaschenen Rindfleisch aufkochen und gut abschäumen. Nun den Brustkern ca. 2 Stunden köcheln lassen, herausnehmen und in Würfel schneiden. Das Gemüse etwa 35 Min. vor Ende der Garzeit dazugeben, damit es nicht verkocht. Die Kartoffelwürfel erst 15 Min. vor dem Ende beigeben. Die Spätzle und die vorbereiteten Kartoffelschnitz in der Fleischbrühe erhitzen, die Fleischwürfel dazugeben, abschmecken und mit angerösteten Zwiebeln abschmälzen. Reichlich mit feinem Schnittlauch bestreuen.

Noch im letzten Jahrhundert hieß dieser heiß geliebte Eintopf Kartoffelschnitz und Spatza und war ein Arme-Leute-Essen ohne Fleisch, denn das war für die meisten Leute unter der Woche kaum erschwinglich. Nicht selten verwendete man die restliche Brühe vom Spätzles- oder Knödelwasser als Kochwasser, die dann noch mit Spätzle und Kartoffeln angereichert wurde. Wer Schmalz hatte, schmälzte noch Zwiebeln an und gab so dem Essen den letzten Pfiff.

Seinen Namen Gaisburger Marsch soll der Eintopf übrigens wie folgt erhalten haben: Im Stuttgarter Stadtteil Gaisburg waren einst Offiziersanwärter stationiert, denen die Produkte der dortigen Gulaschkanone nicht immer zusagten – es schmeckte ihnen wohl ungefähr so wie vielen unserer heutigen Studenten das Mensaessen.

Also machten sich die hungrigen Männer abends von der Bergkaserne aus auf den Marsch durch Gaisburg zur Bäckerschmiede, einem schwäbischen Wirtshaus, wo dieser Eintopf besonders köstlich zubereitet wurde, natürlich mit Fleisch.

Besonders frevelhaft gehen heute manche Gastronomen mit dieser schwäbischen Spezialität um, indem sie den Eintopf mit irgendwelchen exotischen Zutaten wie Krabben oder Muscheln aufmöbeln und dies dann als neue schwäbische Küche ausgeben. Also, wenn schon neue schwäbische Küche, dann aber bitte mit Zutaten aus der Region.

Gemüseeintopf

500 g Ochsenbrust, 1 l Wasser, 1 große Stange Lauch,
1 angeröstete Zwiebelhälfte, 1 kleine Sellerieknolle,
ca. 200 g Gelbe Rüben, 1 kleiner Wirsing- oder Krautkopf,
ca. 300 g Kartoffeln, Salz, Muskat.

Das Rindfleisch waschen und ins siedende Wasser geben. Das geputzte, zerkleinerte und gewaschene Gemüse dazugeben. Alles aufkochen und gut abschäumen. Danach nur noch ca. 2 Stunden köcheln lassen. Das Gemüse früher heraus nehmen, solange es noch bissfest ist. Die Kartoffeln und den Lauch 1/2 Stunde vor Garende beigeben. Das Fleisch in Würfel schneiden, mit dem Gemüse und den Kartoffeln vermengen, mit der heißen, abgeschmeckten Brühe übergießen und mit Schnittlauch bestreuen.

Natürlich können Sie das Fleisch auch roh, vor dem Kochen, würfeln. Dann sollten Sie das Fleisch ein paar Minuten leicht anbraten. Das Rindfleisch kann auch durch eine Lammschulter ersetzt werden.

Hühnereintopf

1 Suppenhuhn mit ca. 2 kg, 3 Gelbe Rüben, 1 kleine Sellerieknolle,
1 Stange Lauch, ca. 200 g Nudeln, am besten Suppennudeln,
Salz, Muskat, gehackter Peterling.

Das Suppenhuhn waschen und kurz ins kochende Wasser geben. Wasser abschütten. Das Huhn kalt abspülen. Neu aufsetzen. Das Gemüse waschen oder schälen und zum Huhn geben. Die Kochzeit des Huhnes beträgt 1–2 Stunden, je nach Größe und Alter des Tieres. Das Gemüse früher herausnehmen und würfeln. Die Nudeln abkochen.

Das Huhn ist fertig, wenn beim Einstechen mit der Gabel kein rosa Saft mehr austritt. Danach das Fleisch vom Huhn ablösen, in Würfel schneiden, in die Terrine geben, das Gemüse und die Nudeln beigeben. Mit der heißen Brühe übergießen und abschmecken. Mit gehacktem Peterling bestreuen.

Früher nannte man die alten über drei Jahre alten Legehennen Mistkratzer. Das waren noch Zeiten, als auf jedem Bauernhof eine Hühnerschar, bewacht von einem stolzen Gockel, über die Höfe stolzierte! Aber sie gibt es noch, besser gesagt, wieder. Auf den Wochen- oder Bauernmärkten bieten Geflügelhöfe und Landwirte frisch geschlachtetes Geflügel aus Boden- oder Freilandhaltung an. Schmeckt auch besser als so ein anonymer Eisklumpen aus der Tiefkühltruhe vom Supermarkt.

Lammtopf mit Bohnen

500 g Lammfleisch von der Schulter, 150 g Bauchspeck, 2 Zwiebeln, Öl, 250 g Kartoffeln, 250 g grüne Bohnen, Salz, Pfeffer, Bohnenkraut, Majoran, Wasser nach Bedarf.

Das Fleisch in große, die Zwiebeln und den Speck in kleine Würfel schneiden und in heißem Öl anbraten, mit Wasser auffüllen und ca. 10–15 Min. schmoren lassen. Dann die geputzten Bohnen beigeben, mit den Gewürzen und den Kräutern abschmecken. Weitere 20–30 Min. köcheln lassen. 20 Min. vor Garende die Kartoffeln beigeben. Nach dem Motto: Jedes Böhnchen gibt ein Tönchen wünschen wir Ihnen ein musikalisches Eintopfessen.

Linseneintopf

400 g Linsen, ca. 1 l Brühe oder Wasser, 1 gespickte Zwiebel, 1 TL Tomatenmark, 2 Gelbe Rüben, 1 Stange Lauch, 1 Sellerieknolle, Salz, Pfeffer, 1–2 EL Essig, Rotwein nach Gusto, Speckschwarte, Spätzle, Saitenwürste, 1–2 EL Mehl und Butterschmalz.

Die Linsen mit dem Wasser gut bedecken und mit der gespickten Zwiebel und der Speckschwarte aufkochen, etwas abschäumen und ca. 12–15 Min. köcheln lassen. Das Gemüse putzen, würfeln, in Butterschmalz anschwitzen, mit etwas Wasser aufgießen und ca. 10–15 Min. dünsten. Das Mehl in Butterschmalz braun anrösten und die Linsen damit ab-

binden. Der Schwabe liebt seine Linsen gern säuerlich. Einen Schuss Rotwein und Essig beigeben. Die heißen Spätzle und das Gemüse untermengen und nochmals kurz aufkochen lassen. Die heißen Saitenwürste dazuservieren.
Statt mit Saitenwürsten kann der Eintopf auch mit Speck- und Zwiebelwürfeln abgeschmelzt werden. In Norddeutschland wird der Linseneintopf mit Kartoffelwürfeln serviert.

Saure Kartoffelrädla

70 g Butterschmalz, 2 EL Mehl, 1 l Wasser oder Brühe, Salz, Pfeffer, 2 Lorbeerblätter, 1 Zwiebel, 1 Prise Zucker, Essig, Rotwein nach Bedarf, 1 kg Kartoffeln, Saitenwürstchen.

Das Butterschmalz erhitzen, Mehl beigeben und die Mehlschwitze unter ständigem Rühren bräunen lassen. Mit Wasser auffüllen, würzen und mit der gespickten Zwiebel ca. 20–30 Min. köcheln lassen. Die Kartoffeln kochen, schälen und in Scheiben schneiden. Am besten eignen sich Salatkartoffeln. Anschließend mit den Saitenwürstchen servieren.

Saure Bohnenspatzen

Ca. 60–100 g weiße Bohnenkerne, Wasser, Brennsupp wie gehabt. Pfeffer, Salz, Essig, 1 Prise Zucker, 1 Schuss Rotwein oder 1/2 Gläschen Obstler, 1 Zwiebel, 150 g Speck, Spätzle nach Bedarf.

Die Bohnenkerne über Nacht in Wasser einweichen. Nicht zu weich kochen. Eventuell eine Speckschwarte beigeben. Eine Brennsupp zubereiten wie bei Saure Kartoffelrädla beschrieben. Die abgegossenen Bohnenkerne in die heiße Brennsupp geben und aufkochen. Die Zwiebel- und Speckwürfel anschwitzen und mit den Spätzle untermengen.
Natürlich können Sie statt der Bohnenkerne auch grüne Bohnen verwenden.

Was alles auf den Tisch kam

Von den Prachtbanketten des Mittelalters konnte ein Bauer jener Zeit nur träumen. Die hohen Herren und Damen verzehrten unter anderem Krebsschwänze in Mandelmilch, Kapaunenpasteten, verschieden gefüllte Täubchen, Wildbret im Überfluss und Sahnetörtchen. Natürlich durfte ein Sortiment von Gesottenem und gebratenen Edelfischen nicht fehlen. Die großen Gelage dauerten Stunden. Um den Gaumen über die gesamte Essensdauer hinweg mit all den aufgetragenen Köstlichkeiten aus dem In- und Ausland ausgiebig verwöhnen zu können, steckten sich die Vielfraße auch gerne eine Pfauenfeder in den Hals – das leerte den Magen für das neue Menü.

Als Katharina von Medici (1519 bis 1589) im Jahre 1533 Heinrich von Orléans, den späteren König von Frankreich, ehelichen sollte, zog sie, um auf die kulinarischen Köstlichkeiten aus Italien nicht verzichten zu müssen, mit dem gesamten Tross ihrer Köche und Konditoren nach Frankreich. Die französischen und italienischen Kollegen wurden dicke Freunde und zauberten gemeinsam neue Kreationen von Gaumenschmeichlern, die das französische Königshaus erfreuten. Die neue französische Küche wurde später weltberühmt.

Ganz anders sah es bei der Landbevölkerung aus, nicht nur in Frankreich. Morgens gab es in unseren Breitengraden das obligatorische Morgamuas, besser bekannt als Schwarzer Brei, sowie Kaffee aus gerösteter Gerste. Um den Geschmack etwas zu heben, wurde dem Kaffee Zichorie, die Wurzel aus der Wegwarte, beigemengt. Mittags gab es Spatzen in allerlei Variationen: Spatzen mit Sauerkraut, Linsen, Wirsing, Bohnen oder Spinat. Nicht zu vergessen Spatzen in der Brüh, abgeschmelzt mit Schmalz und Zwiebeln. Um die Milch- und Brotsuppen nahrhafter zu gestalten, reichte man gekochte Kartoffeln, die jeder am Tisch selber schälte, außer den Kindern natürlich.

Abends aß man regelmäßig saure oder auch gschtandna Milch mit Kartoffeln oder eingebrocktem Brot. Suppen aller Art gehörten zum Standardessen. Wer wollte, konnte noch etwas Sauerkraut aus 'am Krauthafa schöpfen, der am Rand der Herdplatte vor sich hinköchelte. Denn Kraut füllt de Baura d'Haut, hieß es damals nicht umsonst. Nach dem Essen säuberte jeder seinen Löffel und legte ihn in die Schublade. Meist waren es markierte Holzlöffel. Gabeln bürgerten sich erst im 17. Jahrhundert bei uns ein.

Ein Fest der Völlerei war das Kirchweihfest, an dem in jedem Dorf das Backhäusle die ganze Woche bis in die Nacht hinein qualmte. Berge von Kuchen warteten am Sonntag auf die Besucher. Besonders die Verwandtschaft aus der Stadt erschien zahlreich, um sich so richtig satt essen zu können. Und jeder bekam noch Kuchen für zu Hause eingepackt. Denn a Schwob, der hoim kommt ond nix mitbrengt, moint emmer, er hätt was vergessa.

Das 17. Jahrhundert wurde für unsere Altvorderen zu einem Jahrhundert der Kriege und der Hungersnöte. Eine Bevölkerungsexplosion sowie eine Klimaverschlechterung – man sprach von der kleinen Eiszeit – mit ihren Hagel- und Schneestürmen bis in den Sommer hinein, sorgten zusätzlich für große Not. Fast 90 Prozent der Bevölkerung galt damals als arm und bedürftig! Die Ernte verfaulte auf dem Halm. Findige Menschen trockneten, um irgendwie zu überleben, Dinkel im Ofen – der Grünkern, wie sie ihn nannten, hat bis heute überlebt. Die Hungernden begannen Mäusegänge aufzugraben und fanden dort einen erstaunlichen Vorrat an Getreide. Zusammen mit Baumrinde, Sägespänen, Heublumen, Kleie und dem Rest an Mehl wurde Brot gebacken. Andere gruben Wurzeln aus, wobei sich besonders Löwenzahnwurzeln als ergiebig genug für ein gekochtes Essen erwiesen. Dem Vieh gaben die Bauern die eigene Milch zu trinken. Notschlachtungen gaben für kurze Zeit Fleisch.

In Ulm drängten sich hungrige Menschen unter der Metzig, um etwas Rinderblut zu ergattern. Es wurde alles gejagt, was nicht schnell genug auf die Bäume gelangte. Angefangen von Igeln, Siebenschläfern und Singvögeln, die mit sogenannten Leimruten gefangen wurden.

Ein Laichinger Pfarrer berichtete noch im 18. Jahrhundert: In den Akten sind immer wieder Klagen aufgetaucht, dass die Älbler so kleinwüchsig seien und daher bei der Musterung zum Militärdienst kaum junge Männer mit den vorgeschriebenen Maßen zu finden seien. Erst im Jahr 1902 klingen die Töne hoffnungsvoller. So schreibt ein Lehrer: Salate, grüne Bohnen zu den Knötlein, Ofen- und Rohrnudeln, Schwarzer Brei aus gedörrten und geschroteten Kernen – wahrscheinlich meinte er Dinkel –, Fleisch vom selbst gezogenen und geschlachteten Schwein, Würste, Käse und Most erzeugt der Bauer selbst. Ist er doch froh, wenn er für Lebensmittel kein Geld ausgeben muss.

Anders sah es in der Stadt aus. Dort konnten die Bürger beim Metzger ihr Fleisch für den täglichen Bedarf kaufen. Die preiswerten Innereien wie Kutteln, Nieren oder Lunge füllten den ärmeren Schichten die Mägen. Die Nachfrage nach den Eingeweiden war groß. Aus dem Euter, aus Zunge, Ohren, Füßen und dem Kalbskopf entstanden im Laufe der Jahrhunderte recht angesehene Gerichte. So war noch in meiner Kinderzeit Kalbskopf gebacken mit Kartoffelsalat und Remoulade ein Standardessen auf den Speisekarten. Kalbskopf en tortue stammt wohl aus der französischen Küche und wird in einer würzigen braunen Soße serviert.

Im Appenzeller Land entdeckten wir einmal im Urlaub ein etwas abgelegenes Lokal, dessen Spezialität genau dieses Gericht war. Bei einem Gespräch mit der Wirtin, der ich das Rezept ihrer Spezialsoße entlocken wollte, das sie aber nicht verriet, erfuhren wir, dass sie in der Woche 2 bis 3 Kalbsköpfe an ihre Gäste, die von weit her zu ihr kommen, verkaufte.

Das zeigt: Richtig zubereitet können heute Spezialitäten aus vergangenen Jahrhunderten wieder gut verkauft werden. Bei uns sind der Kalbskopf, das Euter und die Lungen von den Speisekarten verschwunden. Wer Glück hat, findet diese Gerichte noch in München in den großen Bierschenken wie im „Weißen Bräu“, in dem noch traditionell gekocht wird.

Auch Pferdefleisch, das unter die kirchlichen Verbote fällt, wird bei uns nicht mehr gegessen – das Verspeisen von Tieren, deren Klauen nicht gespalten sind, ist verboten. Pferdefleischesser galten früher als Anhänger des Heidentums. In Frankreich dagegen können Sie das magere Fleisch in Supermärkten erwerben.

Ohne Soß nix los

Der Schwabe, als Nassesser bekannt, neigt dazu, seine Mahlzeiten mit reichlich Soße zu verspeisen, sei es das Gemüse, seine heiß geliebten Spätzle oder gar das Wiener Schnitzel, das ebenfalls nicht vor seinem Soßentopf sicher ist.

Die Soßen sind in unserer Küche ein besonders wichtiger Faktor, quasi die Säule, um die sich alles dreht. Bei manchen Gerichten, wie sauren Kutteln, Linsen oder sauren Kartoffelrädla, hängt alles von der Soße ab. Und bitte immer reichlich, denn nur so können Sie mit einem Lob der Schwaben rechnen.

Schon der französische Meisterkoch Escoffier, selbst Schöpfer vieler Soßen, stellte die Soße in den Mittelpunkt der Küche. Dem Saucier kam in der feinen Küche schon immer ein besonderer Stellenwert zu, denn von seinem Gaumen profitierte das ganze Menü.

Wir unterscheiden gebundene und nicht gebundene, helle und dunkle Soßen. Natürlich lassen sich Soßen auch mit den im Handel angebotenen Hilfsmitteln wie Brühwürfeln oder Soßenpulver herstellen. Aber auf Dauer? Nein, danke!

Wichtig für Soßen ist der Fond, also die Flüssigkeit, mit der Sie die Soße herstellen. Und lassen Sie Ihre Soßen ruhig auf kleiner Flamme ca. 30 Minuten oder länger köcheln, bis sie sämig werden. Sie verlieren dann ihren Mehlgeschmack, und auf Ihrem Teller bildet sich nicht gleich die bekannte Haut. Soßengerichte immer auf heißen Tellern anrichten! Also nochmals: Je mehr Sie Ihre Soßen einkochen lassen, je besser schmecken sie. Besonders wichtig ist dieser Grundsatz bei Bratensoßen: Hier kann dann sogar auf eine Mehlbindung verzichtet werden.

Tipp:

- *Zum Abbinden einer Soße, sofern nötig, wird meist eine Mehlschwitze hergestellt. Dazu wird Fett, am besten Butter oder Butterfett bzw. Margarine, erhitzt, Mehl darübergestäubt und die betreffende Flüssigkeit, z.B. Brühe, Gemüsefond oder Milch, unter ständigem Rühren dazugegeben. Wird eine dunkle Variante gewünscht, lässt man das Fett-Mehl-Gemisch so lange schwitzen, bis es sich dunkel färbt, wie z.B. bei der Brennsoße. Sie können aber auch einfach Mehl mit Wasser oder Wein bzw. Fond anrühren und die Soße so andicken.*

- *Heiße Mehlschwitze immer mit kalter Flüssigkeit aufgießen! Dabei kräftig mit dem Schneebesen rühren.*
- *Für 1 Liter Flüssigkeit rechnen wir Pi mal Daumen 50 g Mehl und 50 g Fett.*
- *Ist die Soße nicht dick genug, vermischen Sie etwas Mehl und Butter und geben Sie die Mehlbutter in die Soße, die sich schnell und ohne zu klumpen auflöst.*

Daneben gibt es natürlich noch weitere Möglichkeiten, eine Soße einzudicken:

- *Kartoffelmehl mit etwas Wasser anrühren und zugeben.*
- *Restlichen Kartoffelbrei oder roh geriebene Kartoffeln hinzufügen.*
- *Rahm zur Hälfte einkochen und die Soße damit abbinden.*
- *Helle Soßen mit Schmelzkäse abbinden. Eine neue Kreation für Nudelgerichte.*
- *Mit gekochtem Gemüse pürieren und die Soße damit andicken.*
- *Verwenden Sie Butterschmalz – ein echter Alleskönner. Butterschmalz besteht aus 99,8 Prozent Butterfett und 0,2 Prozent Wasser und Vitaminen. Es enthält keine Konservierungsstoffe und ist trotzdem monatelang haltbar. Im Verbrauch ist es um 20 Prozent ergiebiger als Butter.*
- *Helle Soßen durch Legieren verbessern, Eigelb mit Rahm verrühren und der fertigen Soße unterrühren. Nicht mehr kochen lassen.*
- *Dunkle Soßen mit Wein, Spirituosen oder Rahm verfeinern.*
- *Bei der Bratensoßenzubereitung sollten ein paar Kalbsknochen nie fehlen. Am besten sind Kalbsfüße.*

Gedenke stets der Harmonie –
schon bei der Zubereitung:
Die Speise ist die Melodie,
die Soße die Begleitung!

Bratensoße

Zerkleinerte Knochen und Sehnen vom Kalb und Schwein.
Ein Kalbsfuß sollte auf jeden Fall dabei sein. Fett, 1 Zwiebel mit Schale,
1 Stück Sellerie, 1 Stange Lauch, 2 Gelbe Rüben, 1–2 EL Tomatenmark,
Salz und Pfeffer. Wasser nach Bedarf.

Die Knochen und Sehnen scharf im Fett anbraten. Das gewaschene, in Würfel geschnittene Gemüse dazugeben und auch mit anbraten. Sobald alles angebräunt ist, 1–2 EL Tomatenmark untermengen und ebenfalls kurz mitbraten.

Mit 2–3 Tassen Wasser oder Brühe auffüllen und einkochen lassen. Restliche Brühe aufgießen und 2–3 Stunden köcheln lassen. Abschmecken und durch ein Sieb passieren. So haben Sie eine gute Bratensoße ohne teuren Fleischeinkauf.

Brennsoße

50–60 g Butterschmalz oder Öl, 50–60 g Mehl, 1/2 l Wasser
oder Brühe, 1 Zwiebel, Salz, Pfeffer, Essig und 1 EL Rotwein,
1 Prise Zucker, 2 Lorbeerblätter.

Fett erhitzen und das Mehl unter ständigem Rühren anbräunen. Kurz vor dem Aufgießen die klein geschnittene Zwiebel kurz mitbraten. Mit der lauwarmen Brühe aufgießen und aufkochen, ca. 20–30 Min. köcheln lassen. Eine mit Nelke und Lorbeer gespickte Zwiebel mitkochen. Kräftig würzen. Die Soße kann auch, um Fett zu sparen, mit im Ofen gebräuntem Mehl zubereitet werden.

Die Brennsoße, als braune oder saure Soß, braune Brühe, Einbrenne oder kurz und einfach als Brenne bezeichnet, zählt mit zu den ältesten Soßen in unserem Siedlungsraum. Sie wird und wurde meist sauer abgeschmeckt und zu allerhand Gerichten gereicht. Gewürze waren, wenn vorhanden, meist für den einfachen Mann bzw. Frau kaum erschwinglich. Essig konnte dagegen aus Wein Marke Semsakrebsler bzw. aus Most selbst hergestellt werden. Essig diente auch zur Konservierung. Und um den Speisen, die durch die lange Lagerung ein gewisses Gschmäckle angenommen hatten, dieses zu vertreiben, war die rauchige saure Brennsoß genau das Richtige. Heute gilt die Brenne schon als Spezialität, kommt sie doch nur selten auf den Tisch. Nicht wegzudenken ist sie bei der Schwäbischen Kuttelsupp und den Sauren Kartoffelrädla.

Meerrettichsoße

Buttersoße für 4 Personen, frisch geriebener Meerrettich, Salz, 1 Prise Zucker, Sahne nach Bedarf.

In die Buttersoße den frisch geriebenen Meerrettich untermengen, abschmecken und mit Sahne verfeinern. Durch längeres Kochen verliert der Meerrettich an Geschmack. Also erst kurz vor dem Servieren untermengen.

***Variante I:** 1/2 l Milch aufkochen, 1 EL Butter beigeben. 3–4 Eigelb mit etwas Milch verquirlen und in die heiße Milch einrühren. Meerrettich je nach Bedarf untermengen. Abschmecken und den Eischnee von 3–4 Eiern unterheben.*

***Variante II:** Ca. 1/4–1/2 l Milch erhitzen, mit Weißbrotwürfeln oder Mutschelmehl abbinden, Meerrettich unterziehen. Mit Sahne verfeinern.*

Wer will, kann der Soße statt Zucker etwas Apfelmus oder frisch geriebene Äpfel beigeben.

Der Meerrettich hat bis heute von seiner Beliebtheit nichts eingebüßt. In seiner Kulturwanderung ist er von Asien über Griechenland und Italien auch in unseren Gärten gelandet und verzaubert die Soßen mit seinem einmaligen Geschmack. Dabei steht er harmlos und unscheinbar mit seinen 1,20 Meter hohen Stauden im Garten, wie wenn er kein Wässerchen trüben könnte. Aber wehe, wenn er losgelassen. Seine ätherischen Senföle treiben die Tränen in Scharen herbei. Wer hat, nimmt also lieber eine Küchenmaschine, denn frisch gerieben mundet er eben am besten. Die restliche Wurzel kann in Folie eingewickelt noch 2 bis 3 Wochen im Gemüsefach aufbewahrt werden.

Die Soße schmeckt am besten zu gekochtem Rindfleisch, Fisch- und Eiergerichten. Noch Anfang des Jahrhunderts zogen die Kräuterweible von Haus zu Haus und verkauften ihre Zauberwurzel an der Haustür. Heute finden wir Meerrettich in jedem gut geführten Gemüseladen oder auf dem Wochenmarkt.

Mostsoße

40 g Butterschmalz, 40–50 g Mehl, 1/2–3/4 l Most, Zucker, 1 EL Weinbeeren.

Fett und Mehl anschwitzen und unter ständigem Rühren hellbraun anrösten. Mit Most auffüllen, die Weinbeeren zugeben, auf Wunsch etwas Zitronensaft beigeben, alles aufkochen lassen und servieren. Unsere Altvorderen schätzten diese Soße zu Süßspeisen wie z.B. zu Dampfnudeln.

Senfsoße

40 g Butterschmalz, ca. 50 g Mehl, 2 Zwiebeln, Fleischbrühe, 2 EL Rotwein, 1 EL Essig, Salz, Pfeffer, Zucker, Lorbeerblatt, Nelke, 2 EL Senf, Sahne.

Aus Fett und Mehl eine Mehlschwitze zubereiten, leicht anrösten und die klein geschnittenen Zwiebeln kurz mit anbraten, mit Fleischbrühe aufgießen und aufkochen lassen. Die gespickte Zwiebel beigeben und 20–30 Min. köcheln lassen. Kräftig würzen und mit dem Senf und der Sahne verfeinern.

Tomatensoße

40 g Butterschmalz, 1–2 Zwiebeln, 1 Gelbe Rübe, Peterling, 1 Lorbeerblatt, Speckwürfel, 1–2 EL Mehl, ca. 500 g Tomaten, Salz, Pfeffer, Zucker – und ausnahmsweise sei es erlaubt: ein Spritzer Flüssigwürze.

Das Butterschmalz erhitzen, die fein gehackte Zwiebel, die in Scheiben geschnittene Gelbe Rübe, den Peterling, das Lorbeerblatt und den gewürfelten Speck anschwitzen. Das Mehl einrühren und die zerkleinerten Tomaten zufügen. Würzen und nach Bedarf mit etwas Wasser oder Brühe auffüllen und ca. 30 Min. köcheln lassen. Dann alles durch ein Sieb passieren und nochmals abschmecken. 1/2 Gläschen Obstler wirkt hier Wunder – in der Soße natürlich. Eventuell mit Sahne verfeinern. Natürlich können Sie die Soße auch mit Tomatenmark oder Tomaten aus der Dose zubereiten.

Weiße Soße

40 g Butter, ca. 50 g Mehl, 1/2 l Milch, Salz und Muskat, 20 g Butterflocken, 1/8–1/4 l Sahne.

Die Butter erhitzen, sie darf keine Farbe annehmen, mit Mehl anschwitzen und mit der lauwarmen Milch auffüllen. Unter ständigem Rühren aufkochen. Weiterhin rühren und ca. 20 Min. köcheln lassen. Abschmecken und die Butterflocken gleichmäßig auf der Soße verteilen, damit sich keine Haut bildet. Eine Weiße Soße lässt sich ganz nach Bedarf mit Fisch- oder Gemüsefond zubereiten. Vor dem Servieren ein Eigelb mit Sahne verkleppern und die Soße legieren. Bei dieser Soße empfiehlt es sich, beim Würzen entweder etwas Zitronensaft oder einen Schuss Essig beizugeben.

Die Weiße Soße, auch Bechamelsoße genannt, ist seit dem Besuch Napoleons und seiner Truppen auch bei uns bekannt und eine vielseitig verwendbare Grundsoße.

So kann sie für Käse- und Meerrettichsoße, aber auch für Blumenkohl oder Spargel, für Fisch-, Geflügel- oder Fleischgerichte eingesetzt werden. Die Weiße Soße eignet sich auch besonders gut zum Überbacken. Hierbei wird sie immer mit Sahne und Eigelb legiert und mit geriebenem Hartkäse bestreut. Somit haftet sie besser auf den Speisen.

Das Schwein als Fleischlieferant

Schon vor etwa 20 Millionen Jahren waren die Stammväter unseres heutigen Hausschweins in unseren Wäldern heimisch. Heute kann ein deutsches Wildschwein noch bis zu 1,20 Meter hoch aufragen und ein Gewicht von drei Zentnern erreichen.

In früheren Jahrhunderten wurden Hausschweine, damals noch schlank und rank, von den Schweinehirten zur Eichelmast in die Wälder getrieben. Da diese reichlich mit Eicheln, Bucheckern und Wurzeln gesegnet waren und die Schweineherde somit gut gemästet werden konnte, kam im Mittelalter auch auf kleineren Bauernhöfen mehrmals die Woche Fleisch auf den Tisch. Auch in den Städten gab es Schweine, die frei durch die Straßen streunten und als eine Art „Müllabfuhr" dienten. Und: Bäcker und Müller erzielten durch ihre Schweinemast gute Nebeneinkünfte, denn die Back- und Getreideabfälle waren ein hervorragendes Mastfutter.

Doch die starke Bevölkerungszunahme, die dadurch bedingte Verkleinerung der Höfe und natürlich das Verbot der Jagd und der Eichelmast im Wald durch Herzog Eberhard anno 1495 entzog den Bauern in unseren Breitengraden im späten Mittelalter eine wichtige Nahrungsquelle. Auch den Bewohnern der Städte ging es ans Leder, besser gesagt, an die Sau. Denn seit dem 15. Jahrhundert sind uns Ratsverordnungen bekannt, in denen das Herumstreunen der Schweine in der Stadt verboten wird. Weiter untersagt wurde ebenfalls, Mist und Unrat auf Straßen und Plätze zu werfen. Die städtischen Schweine, zuvor die Müllverwerter schlechthin, durften nur noch zwischen 11 und 12 Uhr auf die Gass, um wie in Ulm und Schwäbisch Hall zur Schwemme geführt zu werden. Eine Ausnahmegenehmigung erhielten allerdings die Schweine des Antoniterklosters in Ulm: Sie durften weiterhin frei herumscharwenzeln, allerdings nur nachts und mit einer Glocke am Ohr.

Da die Rinderzucht, bedingt durch den steigenden Getreideanbau, immer mehr zurückging, und das Essen von Pferdefleisch – in dem die Kirche heidnische Opferbräuche sah – verboten wurde, rückte das Schwein als Fleischlieferant bei den Bauern und einfachen Leuten immer mehr in den Vordergrund. Und wie umstritten war und ist doch sein Verzehr!

Von zwei Weltreligionen, dem Islam und dem jüdischen Glauben, in Acht und Bann getan, wurden wiederum bei den alten Griechen der Liebesgöttin Aphrodite Schweineopfer dargebracht. Auch unsere germanischen Vorfahren sahen in den Schweinen etwas Göttliches – so war ein Eber mit goldenen Borsten das Reittier des Sonnengottes Baldur. Auf welch große Vergangenheit kann das Schwein doch zurückblicken!

Ab dem Jahr 1750, als die Kartoffel unsere Kochtöpfe bereits erobert hatte und die Knolle auch verstärkt zur Schweinemast eingesetzt wurde, ging es mit der Schweinezucht rapide aufwärts. So wurden im Oberamt Biberach 1830 erst 3.207 Schweine gezählt, 1883 schon 8.652, und um 1900 zählte man bereits 13.661 Stück. Aus dieser Zeit stammt auch der Spruch: Schweinefleisch, mitsamt dr Haut, isch mir liabr als a Kraut.

Und Schweine liefern auch so herrliche Würste, wie roten und weißen Schwartenmagen, Blut- und Leberwurst, Bratwurst, Schinken – roh und gekocht – und Sulzen in allerlei Varianten. Die selbst gemästete Sau, ob auf dem Land oder in der Stadt, war somit früher die Hauptquelle aller fleischlichen Freuden.

Um ein Schlachtfest, im schwäbischen Raum als Metzelsupp bekannt, den hungrigen Mäulern kundzutun, hängte der betreffende Wirt an seinem Wirtshausschild eine aufgeblasene Saublodr auf. Mit ihr spielten die Kinder später Fußball oder benutzten sie als Schwimmhilfe. Von früher her ist bekannt, dass unsere Altvorderen Schweinsblasen als Gefäß benutzten, um ihren Brei damit aufs Feld zu transportieren.

Schlachtfest und Metzelsupp

Schon die Fugger wussten um die Beliebtheit einer zünftigen Metzelsupp. Als am 9. April 1500 der Habsburger Kaiser Karl V. zur Eröffnung des Reichstags nach Augsburg kam, lud Jakob Fugger denselben zu einem deftigen Schlachtfest auf seinen Landsitz ein. Auf der einen Seite wollte man den Kaiser erfreuen, indem es die Augsburger an nichts fehlen ließen, auf der anderen Seite wiederum wollten die reichen Fugger nicht zu protzig auftafeln, um nicht den Neid des immer in Geldnöten befindlichen Monarchen zu erwecken. Nachdem ja in der Einfachheit die Würze liegt, beschlossen die geschäftstüchtigen Schwaben, dem König zuliebe ein Schweinchen zu schlachten. Und bei Sauerkraut, Kesselfleisch und Speck, Augsburger Brezeln und reichlich Met, kamen sich der Handelsherr und der stolze Ritter menschlich so weit näher, dass dem Aufstieg der Fugger als Hofbankiers nichts mehr im Wege stand. Sie sehen also, die Metzelsupp hat in Schwaben alte Tradition und nicht nur beim gemeinen Volk, wie man meinen sollte.

Von der Zauberkraft des Schwabenvespers wird auch bei anderen Gelegenheiten berichtet. So lagen sich die Freie Reichsstadt Reutlingen und die nahe gelegene württembergische Residenzstadt Urach immer wieder in den Haaren. Als sich im Jahr 1662 die zwei Kontrahenten mal wieder wohl gerüstet gegenüberstanden, wurde die Auseinandersetzung durch das nicht zu ersetzende Schwäbische Vesper unterbrochen. Und ohne Widerspruch, wie man es nur einem unabänderlichen Naturgesetz gegenüber tut, setzten sich die beiden Parteien in einem nahe gelegenen Gartenhäusle zusammen – und siehe da, nach der gemeinsamen Brotzeit war der Stein des Anstoßes aus dem Weg geräumt und der Vesperfriede von Reutlingen ging in die Geschichte ein. Hier kann man mit Recht sagen: „Nochmals Schwein gehabt."

Aber die Ära der Metzelsupp wird wohl in nicht allzu ferner Zeit der Vergangenheit angehören. Denn immer weniger Bauern halten sich eigene Schweine, und somit sind auch die Tage der Hausschlachtungen bald gezählt. Nur noch selten liest man in ländlichen Gegenden in der Tageszeitung „Heute Metzelsupp", und die aufgeblasene Saublodr als Zeichen der Hausschlachtung ist gänzlich verschwunden. Theo Lingen würde in seinem leicht näselnden Ton wohl wieder sagen: „Traurig, traurig, traurig!"

Besonders die Pfarreien auf dem Lande werden die beliebte Hausmetzgade vermissen, bekamen sie doch immer als Erste ihr Teil ab, und das nicht zu knapp. Die wohl geformten Bäuchlein der ehrwürdigen Herren legten ein deutliches Zeugnis hiervon ab.

Eine kleine Anekdote aus vergangener Zeit berichtet: Trotz größtem Appetit und kräftigem Zulangen bewältigten einst der Herr Pfarrer und seine Hauserin nicht die vielen ihnen von den Dörflern dargebrachten Gottesgaben, und ihre Leibesfülle wuchs und wuchs. Bis es eines Tages der Dame des Hauses zu viel wurde und sie energisch sagte: „Hochwürden, so geht's nicht weiter, entweder es kommt eine Sau in den Stall oder ein Kaplan ins Haus." Ja, so hatte schon damals jeder seine Probleme.

Wenn ich so überlege: Was waren wir doch immer froh, als uns eine Kanne Metzelsupp ins Haus geschickt wurde! War aus Versehen oder durch Absicht die Suppe auch noch etwas gehaltvoller ausgefallen, indem eine oder zwei Würste geplatzt waren, drückte meine Tante dem Überbringer dafür ein Zehnerle mehr in die Hand.

In den Städten konnte sich die Bevölkerung nach dem Krieg für ein paar Pfennige beim Metzger mit Metzelsupp bzw. Wurstbrühe eindecken. Zwei Liter kosteten damals um die 50 Pfennig.

Viel Vetter, viel Lompa,
viel Bäsle, viel Metzelsupp.

Nach dem Kriegsende 1945 mussten die Bauern den jeweiligen Besatzern ihren gesamten Viehbestand angeben und teilweise auch abgeben. Jede Schlachtung war anzumelden, aber die findigen Bauern fanden auch hier einen Ausweg. So entstanden die abenteuerlichsten Schweineställe: Man hielt das Borstenvieh im Keller oder auf der Bühne. Bei meiner Tante wurde ein Strohberg ausgehöhlt, der an das Stallgebäude angelehnt war, um die schwarz gezüchteten Sauen zu verstecken.

Schwerer war schon die Schwarzschlachterei – natürlich fand sie stets bei Nacht und Nebel statt. Um den Duft der Metzelsupp zu übertünchen, leerte meine Tante von Zeit zu Zeit Magermilch auf die Herdplatte, die dann natürlich sofort penetrant zu stinken begann. Ein anderer Schlauberger hatte seine Schlachtung zwar angemeldet, doch prompt kam die Kontrolle und nahm den Waschkessel, in dem die Metzelsupp brodelte, unter Augenschein. Sie fand darin zwei Schweineschwänzchen. Nun, der Bauer hatte natürlich auch nachts geschlachtet und kochte alles zusammen ab, in der Hoffnung, dass die Kontrolleure nicht zur Prüfung kamen. Und nun flatterte ihm eine saftige Strafe ins Haus.

Ein Bettelvers der Zaininger Schulkinder lautet:

I seng dr om da Blonza,
dei Sau ka nemme bronza,
i seng dr om da kloina Maga,
an graußa ka i au vertraga.
Gib mir a Breckele Speck,
no gang i von deim Haus aweg.

Schweinebraten

750 g Schweinefleisch vom Hals, Schulter oder Schlegel, 1–2 Tassen Wasser, Salz und Pfeffer, 2 Gelbe Rüben, 1 Zwiebel, 1 Stück Sellerie, 1–2 Tomaten, eventuell Knochen. Ganz nach Gusto können Sie auch noch mit Kümmel, Thymian, Majoran und Knoblauch würzen. Knoblauchzehe mit Salz zerdrücken oder Knoblauchstücke in vorgeschnittene Fleischfalten stecken.

Das gewaschene und abgetrocknete Fleischstück mit den Gewürzen einreiben. Den Ofen auf ca. 200 Grad vorheizen. Das Fleisch auf allen Seiten anbraten und in die Kasserolle legen. Das Wurzelwerk und eventuell die Knochen beigeben. Etwas Wasser zugießen und in die Röhre schieben.

Das Fleisch offen braten. Ab und zu mit Wasser begießen, später nur noch mit dem Bratensaft. Das Fleisch einmal wenden. Schweinefleisch immer durchbraten. Bratzeit ca. 1–2 Stunden. Das Fleisch ist fertig, wenn beim Einstechen mit der Gabel kein rosa Saft austritt. Den Braten dann herausnehmen und zugedeckt ca. 5–10 Min. ruhen lassen, damit beim Aufschneiden kein Fleischsaft ausfließt.

Die Soße nach Bedarf mit Brühe oder Wasser aufgießen, mit etwas Rotwein und einem Löffel Senf geschmacklich abrunden und passieren.

Variante I: *Der Braten von der Keule oder der Schulter ist was für unsere Feinschmecker mit guten Beißerchen. Denn diese Fleischstücke braten wir mit der Schwarte. Die eine Möglichkeit ist, sie schon beim Metzger rautenförmig einschneiden zu lassen. Hierzu eignen sich besonders Keulen von Jungschweinen.*

Die andere Möglichkeit sieht so aus: Sie legen die Keule bzw. die Schulter mit der Schwarte nach unten in den Bräter und gießen etwas Wasser zu. Nach 1/2 Stunde herausnehmen und die Rauten oder Vierecke einschneiden.

Salzen und pfeffern und mit der Schwarte nach oben wieder einlegen. Ab und zu mit Wasser oder Brühe begießen. 10 Min. vor dem Ende der Garzeit den Braten mit Bier oder Salzwasser begießen, damit die Schwarte schön knusprig wird.

Variante II: *Das Schweinefleisch wird zuerst aufgekocht und dann erst gebraten. Beim Anbraten werden Apfelschnitze beigegeben. Zum Schluss wird noch eine Handvoll Weinbeeren in die Soße gegeben und kurz mitgekocht. Vor dem Servieren passieren.*

Variante III: *Das Schweinefleisch vor dem Anbraten mit den Gewürzen einreiben und mit Senf bestreichen. Nach dem Anbraten mit dunklem Bier ablöschen. Den Rest am Schluss zugeben.*

Zur Geschmacksverbesserung gibt manche Hausfrau beim Anbraten der Knochen noch Speckwürfel bei. Zur Eindickung der Soße werden auch gerne Brotriebele bzw. Brotrinden mitgekocht.

Mancherorts werden 1/2–3/4 Stunden vor dem Garende dem Braten noch Kartoffelschnitze beigegeben und mitgekocht.

Tipp: *Wer besonderen Wert auf viel und gute Soße legt – und welcher Schwabe tut das nicht – setzt mit den Knochen eine extra Soße an wie folgt: Die Knochen mit dem Wurzelwerk scharf anbraten, 2 EL Tomatenmark zugeben und ebenfalls kurz mit anbraten. Mit Wasser oder Brühe ablöschen, einkochen lassen, und dies zwei- bis dreimal wiederholen. Dann ca. 1 l Wasser und 1 Apfel zugeben und 2 Stunden köcheln lassen. Abschmecken. Mit etwas Rotwein oder Obstler verfeinern.*

Gefüllter Schweinebauch

1,5 kg magerer Schweinebauch, 200 g Brät, 2–3 alte Wecken, 1–2 Eier, 3 EL Semmelbrösel, je 1 Zwiebel und Gelbe Rübe, Peterling, 1 TL Kümmel, Salz und Pfeffer, Wasser nach Bedarf.

Nachdem die Rippen herausgetrennt wurden, in den Schweinebauch eine Tasche schneiden und innen und außen mit Salz und Pfeffer würzen. Rechtzeitig beim Metzger bestellen und gleich Rauten einschneiden lassen. Die Wecken mit etwas lauwarmer Milch oder Wasser einweichen, danach gut ausdrücken. Das Brät mit den Eiern, dem gehackten Peterling, Semmelbrösel und den Wecken gut würzen und vermengen. Den Schweinebauch füllen, zunähen oder mit Zahnstochern zustecken. In eine Kasserolle legen, 1 Tasse Wasser zugeben und mit dem Gemüse ca. 1 1/2 Stunden bei 200 Grad im Backofen garen.

Hierzu empfehle ich Kartoffelsalat mit Endivie vermischt.

Schäufele

1 Jungschweineschulter, ca. 3–4 kg, ohne Schwarte, mild gepökelt und angeräuchert, beim Metzger rechtzeitig vorbestellen. Wurzelgemüse, Wasser nach Bedarf.

Das Schäufele in eine Kasserolle legen, halbvoll mit Wasser auffüllen, das Wurzelgemüse beigeben, mit dem Deckel zudecken, in die Röhre schieben und ca. 1 1/2 Stunden schmoren lassen. Während der Garzeit einmal umdrehen.

Aufschneiden und mit Sauerkraut und Kartoffelpüree servieren. Das Schäufele muss nicht gewürzt werden. Das Pökeln und Rauchen verleiht ihm einen würzigen Eigengeschmack.

Ein deftiges Winteressen für 6–8 Personen.

***Tipp:** Das Schäufele können Sie auch in einem großen Topf kochen. Dann komplett mit Wasser bedecken.*

Schlachtplatte

500 g Schweinebauch oder -hals (ist nicht so fett), 1 Zwiebel, 2 l Wasser, Salz und Pfeffer, je 4 Blut- und Leberwürste, 500 g gekochtes Sauerkraut, Spätzle oder Kartoffelbrei.

Am besten schmeckt das Kesselfleisch, wenn es nicht im Wasser, sondern im Sauerkraut mitgekocht wurde. Denn da profitieren gleich mehrere, nämlich das Kraut, denn es wird sämiger, das Fleisch würziger und Sie seliger.

Die Schlachtplatte, die trotz aller Kalorienapostel bis heute unbeschadet überlebt hat, finden wir noch ab und zu im Herbst in schwäbisch geführten Gaststätten auf der Speisekarte. Kleine Abweichungen sind die Regel. So serviert sie der eine Wirt mit Sauerkraut, Kartoffelbrei, Kesselfleisch, Blut- und Leberwurst, der andere zieht Spätzle, Bubaspitzla oder ein deftiges Bauernbrot vor. Vereinzelt wird auch Erbsenbrei und ein Stück gekochtes Rauchfleisch mit angeboten. Bei einer Hausschlachtung wird die Schlachtplatte noch mit dem Schwänzchen und dem Kopffleisch bereichert.

„Du kasch gera dei Floisch en meim Kraut mitkocha, wenn e drfir meine Kiachla en deim Schmalz rausbacha derf", hot sell Bäure gmoint.

Wenn in Schwaben eine Saubloadr an der Wirtschaft aufgehängt war, so war's früher wenigstens, bedeutete dies nichts anderes, als dass ein Schwein geschlachtet wurde. Heute lesen wir in der örtlichen Zeitung z.B.: Am Samstag frische Metzelsupp. Dann heißt es, schnellstens das Auto satteln, und ab geht's zum großen Schmausen.

Denn Metzelsupp ist in Schwaben gleichbedeutend mit einer Hausschlachtung. Wurde früher auf dem Lande ein Schweinlein, besser gesagt eine schlachtreife Sau mit ihren angemästeten 3 bis 4 Zentner, zum Metzga geführt, konnte die Nachbarschaft, nicht zu vergessen der Herr Pfarrer und der immer hungrige Dorflehrer, mit einer Metzelsupp rechnen. Die Kinder des Bauern trugen dann gegen Abend in einer kleinen Milchkanne die Suppe aus. Je nach Ansehen des Empfängers war auch der Inhalt der Suppe – am besten kam der

Herr Pfarrer weg, da schwammen dann neben dem Sauschwänzle noch ein schönes Stück vom Bauch (Kesselfleisch) und natürlich die Blut- und Leberwürste umher. Denn nehmen ist seliger als geben. Und je mehr in der Metzelsupp an Fleischigem herumschwamm, je näher war man dem Himmel.

Saure Schweinereien

Bratenreste, 1–2 Zwiebeln, Mehl nach Bedarf,

1–2 EL Most, 1 EL Essig, Butter, Brühe, Salz und Pfeffer.

Die Bratenreste in feine Scheiben schneiden. Die fein gehackten Zwiebeln hellbraun andünsten, das Fleisch kurz mit anbraten und einstäuben. Mit der Brühe, dem Essig und dem Most aufgießen und noch kurz köcheln lassen. Auf Wunsch können Sie noch 1–2 EL sauren Rahm beigeben. Dazu empfehle ich Ulmer Weckknödel sowie grünen Salat und „a Krügle Moscht, damit die Reschtla besser nonderrutschad".

Schweinepfeffer

600 g Schweinschulter ohne Knochen.

Weißweinbeize: 1 l Wein, 2 geviertelte Zwiebeln, 1 Gelbe Rübe in dicke Scheiben geschnitten, Salz, 1 Prise Zucker, einige Pfefferkörner, 2 Lorbeerblätter, Fett, ca. 1 Tasse Wasser oder Brühe, 1/8 l sauren Rahm.

Das Schweinefleisch in größere Würfel schneiden und ca. 2–3 Tage in der Beize ziehen lassen. Die Fleischwürfel dann herausnehmen, trocken tupfen und in einer Kasserolle im heißen Fett scharf anbraten. Dann die Beize und etwas Wasser zugeben und eventuell nachwürzen. Den Schweinepfeffer nun im Rohr bei 200 Grad zugedeckt 1–1 1/2 Stunden schmoren lassen. Zum Schluss das Gericht eventuell abbinden. Das Gemüse und die Lorbeerblätter herausnehmen. Mit dem sauren Rahm verfeinern.

Sie können das Gemüse auch erst ca. 15–20 Min. vor dem Garende zugeben und es im Schweinepfeffer belassen.

Auszug aus der Metzelsupp

Was mr doch fer guate Sacha
Ka' aus so-ma Säule macha!
Schenga, Brotwürscht, Schwartamaga,
Knöchla, guate, et zom saga!
Schmalz zom Fasnedküachla bacha
Ond zo andre guate Sacha,
Grauchte Zöngla, saure Nierla,
Send doch mögeliche Tierla!
Rippla, Rauchfloisch, Sulz ond Grieba,
So a Säule muaß mr liaba!

(August Lämmle)

Sauerkraut hält gesund!

Das Kraut hat eine lange Geschichte auf dem Buckel. Schon die alten Griechen kannten den Kohl, allerdings mehr als Heilpflanze denn als Nahrungsmittel. Die Mehrheit der römischen Bevölkerung ernährte sich von Getreidebrei und Kohl, der als ganzer Kopf und ohne Strunk in eine Salzlake gelegt für den Winter konserviert wurde. Dieselbe Herstellung ist heute noch auf dem Balkan und in der Türkei bekannt.

Kohl war die drittwichtigste Grundlage für die Ernährung unserer Altvorderen, und heute noch verzehrt der Deutsche zwei Kilogramm des Gemüses pro Jahr. Du liebr Gott wie spannt mei Bauch, i han a Pfann voll Knöpfla gessa ond an Hafa Kraut.

Ein Schrebergarten heißt im Land der Schwaben Gütle oder Krautgarda, was ebenfalls auf die wichtige Stellung des Kohls in der Ernährung der Menschen früher hinweist. Fast jeder Bürger hatte früher sein Stück Boden, sei es auch nur in Pacht, wo er sich das Nötigste anpflanzen konnte. Auch der Bauer auf der Alb hegte seinen

Krautgarten, den er kräftig mit Mist düngte. Oft reichte das angepflanzte Kraut nicht aus, so dass man von den Filderbauern, die im Herbst mit ihren Krautwägen das ganze Land bereisten, dazukaufte. Die Krautbauern hatten alle ihr angestammtes Gebiet und zogen dort von Haus zu Haus, um mit dem Ruf „Filderkraut!!!!“ auf sich aufmerksam zu machen. Sie kamen bis nach Reutlingen, Tübingen und sogar nach Ulm, wohin sie zwei Tage mit ihrem Pferdefuhrwerk unterwegs waren.

Filderkraut!!!

Essat Kraut, des butzt eich aus!
Glei de Kender müsst er's gea,
hent scho de onsre gseah?
Des send andre dicke Wergel,
koine so wia eire Dergel.
Also deant, was i eich sag:
Esset dreimol Kraut am Dag!

Durch seinen hohen Mineral- und Vitamingehalt ist Kraut sehr gesund. Schon James Cook (1728 bis 1779), der berühmte Seefahrer, erkannte, wie wertvoll auf seinen Reisen das Sauerkraut gegen Skorbut war.

Auf der Alb wird das Kraut zumindest bei den Älteren noch immer als Medizin eingesetzt. Immerhin war der Kohl eine der wichtigsten Heilpflanzen der Antike. Einen Arztbesuch konnte man sich früher kaum leisten, und die studierten Herren ließen sich auch selten sehen. Denn auf der Alb sei wenig zu verdienen, war die Meinung, wobei sie sicher auch recht hatten. Also griff man auf altbewährte Hausmittel zurück.

Ein alter Bauer, mit dem ich mich eigentlich über den Dinkel unterhalten wollte, berichtete mir davon, dass man früher bei Wunden und Geschwüren Kohlblätter als Pflaster auflegte. Auf meinen erstaunten Blick hin zog er kurzerhand sein Hemd hoch und zeigte mir ein Kohlblatt, das er auf einer Wunde festgebunden hatte. Heutzutage steht uns Sauerkraut das ganze Jahr über zur Verfügung. Bei Darmträgheit ist es ein altbewährtes Mittel, am besten natürlich roh gegessen! Der Volksmund meint dazu: „Sauerkraut isch dr Kamefeger vom Körper, denn des putzt aus." Und sogar gegen Gicht soll das Kraut helfen.

Wenn Kinder einen Fremdkörper verschluckt haben, geben Sie ihnen möglichst schnell Sauerkraut zu essen, das wickelt ihn ein und führt schnell ab.

Betet au, dass Rüaba geit, betet laut, no gibt's au Kraut. So ist es halt auf dieser Welt, die einen brauchten das Kraut, die anderen den Saft.

Schon die Bader, also der Doktor des armen Mannes, verkauften früher Sauerkrautsaft als Medizin gegen Gicht und für einen guten Stuhlgang. Also: Wer seine Darmflora in Ordnung bringen will, der esse jeden Tag ein paar Gabeln Sauerkraut. Es entwässert, entschlackt und liefert für die Blutbildung das wichtige Vitamin B 12, das im frischen Gemüse nicht zu finden ist. Wie sagte der Krautdoktor: Probiera got ibr's Schtudiera.

Verse und Sprüche über das Kraut gibt es unzählige, wie z. B. Kraut füllt de Baura d'Haut oder Liabr a Laus em Kraut, wia gar koi Floisch; es zeigt uns, dass Kraut noch bis ins 20. Jahrhundert hinein mehr oder weniger ein Armeleutessen war. Wurde es von den Herrschaften trotzdem einmal verlangt, wurde es meistens mit Champagner verfeinert, um dann als Champagnerkraut serviert zu werden. Mit einem Schuss Most soll es auch ganz gut schmecken.

Beschimpfte man jemanden als Krauterer, so meinte man damit einen dürren, blassen Zeitgenossen, der sich eben hauptsächlich von Kraut ernährte. Meist handelte es sich hier um einen Weber, der im Halbdunkel in der Donk, der Weberwerkstatt, die halb im Keller lag, seinen Lebensunterhalt verdiente.

Genauso wie im Herbst geschlachtet und das Fleisch in ein Holzfass eingepökelt wurde, war in jedem Vorratskeller das unentbehrliche Krautfass zu finden. Neben dem eingemachten Kraut wurden auch frische Krautköpfe eingelagert. Man nahm dazu unbeschädigte Krautköpfe, bei denen die Blätter fest geschlossen waren. Meistens hielten sie sich bis Weihnachten und darüber hinaus. Danach war das Sauerkraut das Hauptgemüse, das bis in den Frühling hinein reichen musste.

Eine Großfamilie machte nicht selten bis zu 100 Krautköpfe ein. Das war natürlich mit viel zusätzlicher Arbeit verbunden, und um alles rechtzeitig zum Winter in den Keller zu bekommen, mussten Hilfskräfte engagiert werden. Es gab aber auch ambulante Krautweiber, die, bewaffnet mit einem großen Krauthobel, von Hof zu Hof zogen, um das Kraut einzumachen. Das gehobelte Kraut wurde dabei in den mit frischen Krautblättern ausgelegten Krautstand gefüllt, gesalzen und je nach Gusto noch mit Wacholderbeeren gewürzt. Danach mussten die Kinder bzw. eine Hilfe mit dem Holzstempel das Kraut feststampfen, bis es schäumte. Zum Schluss wurde es mit einem weißen Leinentuch abgedeckt, darüber kam ein Holzdeckel und ein schwerer Stein zum Beschweren. Nach dreiwöchiger Gärung war das Kraut gebrauchsfähig.

Doch wie kocht ein Schwabe sein Kraut? Eine fein geschnittene Zwiebel wird in Schweineschmalz glasig angedämpft, dann wird das Sauerkraut dazugegeben und mit Fleischbrühe oder Wasser aufgefüllt. Würzen mit Pfeffer, Kümmel, Zucker und Wacholderbeeren. Unbedingt einen Apfel mitkochen.

Besonders gut mundet so ein Kraut, wenn Sie noch ein Stück Schweinebauch oder Knöchla mitkochen. Vor dem Abbinden mit einer roh geriebenen Kartoffel einen Schuss Most oder Weißwein zugeben.

Die Kochzeit beträgt eine bis zwei Stunden. Dass das Kraut bis zu siebenmal aufgewärmt werden kann, brauche ich wohl nicht zu erwähnen.

Ganz Räse schwören sogar, das Kraut schmecke erst richtig gut, wenn es mindestens dreimal aufgewärmt worden sei und seinen bekannten Braunton erreicht habe. Nach dem Spruch: D'Liab dui isch wie's Sauerkraut, wohl dem der's guat verdaut! Darum: Lang lebe unser Sauerkraut, erhalte uns gesund und fülle noch recht lange unser ewig hungriges Ränzlein.

Das Sauerkraut hat bis in unsere Zeit an Beliebtheit nichts eingebüßt, was folgende Sprüche und Verse beweisen.

's Kraut isch heit guat, hot sell Magd gsait,
ond da Schpeck gfressa.

Kraut ond Schpeck haut Hecka weg.

J nemm amol da Schpeck, no woiß e glei,
wie viel Kraut e brauch, hot sell Bauer gsait.

Gega d' Dommheit isch koi Kraut gwachsa.

Liabr 's Kraut mit Liab, als a Sau em Schtreit.

's Bamba ond 's Krautschneida got au ed auf oimol.

A rechts Haus verliert nix, hot d' Bäure gsait,
ond d' Socka aus am Kraut rauszoga.

Knöpfla ond Kraut, hent scho manche Figur versaut.

Die Vorratshaltung

In meiner Jugend besaßen nur wenige elektrische Kühl- und Gefrierschränke. Die Wirtschaften oder größeren Höfe auf dem Dorf hatten meistens eigene Eiskeller zum Lagern. Das Eis lieferte die Brauerei, die extra sogenannte Eisgalgen angelegt hatte. Das waren stabile Holzgerüste, die bei Minusgraden mit Wasser berieselt wurden. Danach konnte das Eis abgeschlagen und mit Pferdefuhrwerken zu den Abnehmern gefahren werden. Im Vorratsraum und an der Theke standen Kühlschränke, die jeden Tag mit frischem Eis gefüllt wurden. In manchen Gegenden lieferten auch Teiche und Seen das erforderliche Eis, indem man Eisplatten herausschlug oder -sägte.

Die übrige Bevölkerung hatte natürlich kein Eis und musste ihre Vorräte auf andere Art und Weise einlagern. Die Methode, Gemüse und Fleisch in Gläsern oder Dosen einzumachen, setzte sich erst Anfang des 20. Jahrhunderts durch. Gekühlt wurde mit Wasser zum Beispiel im Bach, im Brunnen oder mit Schnee. Wenn es im Sommer aufs Feld ging, wurde der Mostkrug, der aus Steinzeug bestand, mit feuchten Tüchern gekühlt. Manches Mal buddelten ihn die Bauern auch in die Erde ein.

Die vermutlich häufigste Methode, Nahrungsmittel haltbar zu machen, war das Trocknen, Darren, auch Dörren genannt. Besonders der Grünkern (Dinkel) wurde speziell in Darren getrocknet. Getrocknet wurden hauptsächlich Hülsenfrüchte wie Linsen, Erbsen (Broggala) und Bohnen. Aber auch Kräuter, Birnen, Zwetschgen und Äpfel wurden so konserviert.

In den Dorfbackhäusern war über dem Backofen eine extra Darre eingebaut. So konnte die Hitze doppelt genutzt werden. Bei älteren Backhäusle ließ man den Backofen etwas abkühlen, um dort die Birnen, Zwetschgen und Apfelscheiben zu trocknen. Das Trockenobst war besonders wichtig für das an Weihnachten und Ostern gebackene Hutzelbrot. Doch auch Kompott wurde aus Trockenobst gekocht. Ein Teil wurde durch ein Sieb gestrichen und am Backtag gab es dann Hutzelmusblatz – ein besonderer Leckerbissen auf dem eintönigen Küchenzettel des Winters. Für die Aufbewahrung des Trockenobstes waren in wohlhabenden Bauernhöfen speziell angefertigte und reich verzierte Schnitztruhen vorhanden.

Für die anderen Lebensmittel war ein kühler Keller der beste Ort, um z. B. Äpfel, Zwiebeln, Gelbe Rüben, Rettich, Rote Rüben, Kartoffeln, Sauerkraut, Krautsköpfe, Endiviensalat, Most, Essig und Eier einzulagern.

Schmalz und auch Käse, Butter und Eier wurden in Steintöpfen aufbewahrt. Da die Hühner früher im Winter keine Eier legten, musste im Sommer ein dementsprechender Vorrat angelegt werden. Die Eier legte man teilweise in Salzwasser, Kalkbrühe, Wasserglas, Kleie oder Asche ein. Oder man dichtete die Eierschalen mit Fett ab. In keinem Keller fehlten ein Sauerkrautstand und verschiedene

Mostfässer – die einzige Möglichkeit, das Kraut und die Äpfel langfristig zu konservieren.

Rote und Gelbe Rüben sowie Rettiche wurden im Keller schichtweise mit Sand bedeckt. Die Kraut- und Wirsingköpfe sowie der Endiviensalat, den man oben zuband, wurden an den Wurzeln aufgehängt. Er hielt sich stets bis Ende des Jahres. Und auch im Garten hielt sich der oben zugebundene Endiviensalat relativ lange, meist bis zum ersten Frost. Lauch, Rosenkohl und der mit Stroh abgedeckte Ackersalat konnten auch im Winter geerntet werden.

Eine Bäuerin erzählte mir, dass sie stets bis in den März hinein frischen Endiviensalat auf dem Tisch gehabt hätten. Denn auf ihrem Hof wurde der Salat in einer sogenannten Miete eingelagert. Die Miete war ein im Garten ausgehobenes Erdloch, das man gut mit Stroh auslegte. Nachdem der Salat hineingelegt war, bedeckte man ihn mit Stroh und Erde.

Öl wurde in der Ölmühle aus Mohn und Bucheckern gepresst. Besonders nach 1945 sah man ganze Familien im Herbst durch die Buchenwälder streifen.

Aus altem, schon säuerlichen Most gewann man Obstessig. Dafür hatte man im Keller eine 15 Liter fassende Korbflasche stehen. Die sogenannte Essigmutter blieb immer in der Flasche, damit die Essigproduktion munter weiterbrodeln konnte.

Aus Schwarzen und Roten Träuble (Johannisbeeren) machten wir Gsälz (Marmelade). Besonders gut schmeckte uns aber das Hägemark. Die ganze Familie sammelte dafür an den Waldrändern Hagebutten, die auch gemeinsam entkernt wurden. Schlimm waren dabei die kleinen Härchen der Früchte, die furchtbar juckten. Die ausgekernten Hagebutten weichte man über Nacht in Most ein. Sie wurden am nächsten Tag von meiner Mutter mit etwas Zucker aufgekocht und durch ein Sieb gestrichen. Ein Bauernbrot mit Butter und Hägemark bestrichen ist noch heute für mich ein Leckerbissen. Die ausgekratzten Kerne wurden im Ofen getrocknet, und im Winter siedete auf dem Herd immer ein Topf mit dem rötlichen Kernlestee. Auch das Zwetschgengsälz war eine beliebte Marmelade – es schmeckte am besten, wenn es mit Holunderbeeren vermischt war.

Um den mageren Geldbeutel zu entlasten, sammelte man in Gottes freier Natur auch Walderdbeeren und Hengala (Himbeeren), um daraus Gsälz einzukochen. Aber auch Kümmel, Wacholder, Lindenblüten und Küchenkräuter wurden gesammelt und getrocknet in Leinensäckchen auf der Bühne aufgehängt.

Die Fleischversorgung der Bauern beschränkte sich meist auf Schwein und Geflügel. Die Rinder und Kälber wurden in die Stadt verkauft. Das Geflügel war deswegen geschätzt, weil es kurzfristig und in kleinen Mengen zur Verfügung stand. Die Metzgade fand immer im Spätherbst und Frühjahr statt, wenn die kühle Witterung die Mücken fernhielt und das Fleisch nicht so schnell verdarb. Um das Fleisch länger zu konservieren, legte man es in Salzlake. Ein Teil davon wurde später geraucht. Um es kurzfristig haltbar zu machen, wurde Fleisch auch angebraten in Schmalz oder roh in Essigmarinade aufbewahrt. Rauchfleisch und angerauchte Würste hängte man meist auf der Bühne auf.

Natürlich ließ es sich nicht immer vermeiden, dass ein Rind oder Kalb sich verletzte oder einen Fremdkörper schluckte. Dann war eine Notschlachtung nötig und das ganze Dorf bekam ein ordentliches Stück Fleisch ab. Der Rest wurde in Essig eingelegt oder durch Räuchern haltbar gemacht. Dieses Fleisch war so trocken, besonders wenn es von einer älteren Milchkuh stammte, dass, wie mir eine Bäuerin erzählte, es mit dem Beil zerkleinert wurde und meist als Suppe oder Zusatz in einem Eintopf auf den Tisch kam.

Vom Kalb zum Rind

Zwischen Spätmittelalter, Früher Neuzeit und dem 19. Jahrhundert ging der Fleischkonsum innerhalb Mitteleuropas stetig zurück. Bedingt durch die Bevölkerungsexplosion beanspruchte der Getreideanbau immer mehr Land, während die Weideflächen sich verringerten. In der Folge wurde Fleisch immer mehr zur Luxusspeise. Der Rückgang des Fleischkonsums, also die „Entfleischung" der Nahrung, war natürlich regional verschieden. Besonders in Süddeutschland machte sich die Fleischverknappung deutlich bemerkbar, was wiederum mit dem starken Anbau von Getreide zusammenhing, das die Schwaben für ihre Mehlspeisen benötigten. Einem Großteil der Bauern fiel es schwer, die Rinder im Winter durchzufüttern. Große Teile der Herden wurden im Spätherbst geschlachtet und eingepökelt, teilweise auch geraucht oder getrocknet. Aufgrund der schlechten Stallfütterung war das Vieh im Frühjahr so schwach, dass man es mit dem Schwanz auf die Weide zog. Man nannte es daher auch Schwanzvieh.

Beim gemeinen Mann kam Fleisch immer seltener auf den Tisch, und wenn, nur noch zu den heiligen Zeiten wie Ostern oder Kirchweih und zu Hochzeiten. Dass die Tische des Adels und des Klerus dennoch immer reichlich gedeckt waren, dafür sorgte die Kirchengesetzgebung, die den Fleischverbrauch des kleinen Mannes immer mehr einschränkte. Von der Jagd, die für die hohen Stände reserviert war, ausgeschlossen und mit einer großen Schar Kinder gesegnet, war die Küche des Großteils der Bevölkerung karg und eintönig. Breie aus Gerste, Dinkel und Hirse mit Wasser und Milch zubereitet sowie Bohnen, Erbsen und Kohl waren die Grundlagen der alltäglichen Nahrung. Selbst die Kost der reicheren Bauern war schlechter als die eines Knechtes von anno dazumal. Wer konnte, hielt sich ein Schwein, Hühner und Gänse, die in der herrschaftlichen Küche nur ein geringes Ansehen hatten.

Fleisch wurde, sofern es nicht am Spieß gebraten wurde, zerkleinert und kam als Knödel, Ragout oder Pasteten auf den Tisch. Braten galt als Herrenspeise. Das einfache Volk kochte im dreibeinigen Kessel über dem Feuer, wo die Reste der Metzger wie Lunge, Leber, Herz, Nieren, Hirn, Füße, Kehle, Maul vor sich hinbrutzelten. Wenn eine Schaffkuh, die neben ihrer Arbeit als Zugtier noch alljährlich kalben und Milch geben musste, nach zehn oder zwölf Jahren geschlachtet wurde, machte man ihr zähes Fleisch durch Essigmarinaden wieder genießbar und es fand als Sauerbraten viel Beifall.

Nimmt man die Jahre 1825 bis 1835 als Ausgangsbasis, so hat sich der Fleischverbrauch in einem Jahrhundert verdoppelt und bis heute etwa verdreifacht. Fast jeder kann es sich heute leisten, der Fleischeslust zu frönen. Waren noch um die Jahrhundertwende vom 19. zum 20. Jahrhundert Fleischgerichte Fest- oder Sonntagen vorbehalten, so leisten wir uns heute den Luxus, vornehmlich hochwertiges Muskelfleisch zu verwenden. Der Rest geht mehrheitlich zur Wurstfabrikation.

Das Rind hat sich als Fleischlieferant durchgesetzt, besonders in den USA. Um den derzeitigen Fleischkonsum dort beizubehalten, müssen 80 Prozent des dort angebauten Getreides an das Vieh verfüttert werden.

Die Zeit der glücklichen Kühe ist wohl vorbei. Die Turbokuh ist auf dem Vormarsch. Mastbetriebe haben heute das Sagen. Wer Glück hat, kann seinen Fleischbedarf auf einem Biohof decken. Denn nach den Rindfleischskandalen kaufen immer mehr Menschen direkt beim Erzeuger ein.

Jedoch er sollt' eins nicht vergessen:
Beefsteak aus Gold kann man nicht essen.

(Erich Kästner)

Rahmschlegel

750 g Kalbfleisch vom Fricandeau oder eine große Nuss, Wurzelgemüse, 2 Tomaten, Butterschmalz, Salz und Pfeffer, etwas Wasser, Weißwein, 1/2 l Rahm, etwas Buttermehl.

Das Kalbfleisch in heißem Fett auf beiden Seiten anbraten und würzen. Das Wurzelgemüse und die Tomaten zugeben, mit etwas Wasser auffüllen und zugedeckt in die vorgeheizte Röhre schieben. Hin und wieder den Braten begießen. 15 Min. vor Fertigstellung den Deckel abnehmen. Bratzeit ca. 1–1 1/2 Stunden. Danach den Braten auf eine Platte legen. Den Fond einkochen und nochmals mit etwas Brühe oder Wasser auffüllen. Die Soße mit Mehlbutter abbinden. Rahm beigeben, würzen und abschmecken. Auf Wunsch einen Schluck Weißwein beigeben.

Zu diesem exzellenten Sonntagsbrätle gibt es Spätzle und Kartoffelsalat und natürlich reichlich Soß.

Rahmschnitzel

4 Kalbsschnitzel mit je 150 g von der Schnitzelschale, Salz und Pfeffer, 1–2 EL Mehl, ca. 50 g Fett, ca. 1/4 l Rahm, etwas Brühe, 1–2 EL Weißwein, 1 EL Tomatenmark, Zitronensaft.

Schnitzel etwas mit dem Handballen klopfen, mehlen und in heißem Fett auf beiden Seiten braten. Würzen, Rahm, Tomatenmark und Brühe zugeben und ca. 15 Min. dünsten lassen. Vor dem Servieren noch den Wein zugeben. Die Soße eventuell mit Kräutern und Pilzen verfeinern.

Wiener Schnitzel

4 Kalbsschnitzel mit je 150 g von der Schnitzelschale, Salz und Pfeffer, 2 Eier verkleppern, 2–3 EL Mehl, Paniermehl, Zitronenscheiben, Fett.

Die Schnitzel dünn schneiden und leicht klopfen. Salzen, pfeffern und panieren. In reichlich Fett goldgelb ausbacken. Mit Zitronenscheiben oder -schnitzen garnieren.

Die panierten Schnitzel werden generell trocken, am besten auf einer Papierunterlage, serviert – aber nicht so in Schwaben. Dort wird zum Schnitzel die obligatorische Soße gereicht. In unserem griechischen Lokal serviert auf allgemeinen Wunsch Lucky, unser sympathischer Wirt, dicke panierte Schnitzel vom Hals mit viel Soße darüber. Es heißt dort abgekürzt: Schniposa (Schnitzel, Pommes, Salat). Scheußlich, aber wahr.

***Tipp:** Unter die Panade gemahlene Haselnüsse mischen. Oder eine Käsepanade zubereiten. 1/3 Paniermehl, 1/3 geriebener Emmentaler und 1/3 geriebener Parmesan. Schmeckt super!*

Eingemachtes Kalbfleisch

750 g Kalbfleisch von der Schulter oder vom Hals, Wurzelgemüse – mit Peterling zusammenbinden, 1 Zwiebel – mit Nelke und Lorbeerblatt spicken, Butter, 2 EL Mehl, Salz, Muskat, Pfeffer, Zitronensaft, etwas Most oder Wein, 1 Eigelb, 1/8 l Rahm.

Das Fleisch kurz abbrühen und in mundgerechte Würfel schneiden. In Butter leicht anbraten. Mit dem Mehl bestäuben, gut vermengen, mit Wasser aufgießen, würzen, das Wurzelgemüse beigeben, aufkochen lassen und abschäumen. Bei kleiner Hitze ca. 1 Stunde köcheln lassen. Das Fleisch und Gemüse herausnehmen, die Soße eventuell noch etwas mit Buttermehl abbinden, den Weißwein zugeben, abschmecken und mit Rahm und Eigelb legieren. Nicht mehr kochen lassen.

__Variante:__ Das Fleisch am Stück anbraten und in der Brühe fertig garen. Zum Schluss die Soße herstellen und das Fleisch aufschneiden. Dazu essen die Schwaben Bandnudeln und grünen Salat.

Kalbshaxe

1 kleine Haxe für zwei Personen oder eine große für drei bis vier Personen, Butterschmalz, Wurzelgemüse, 1–2 Tomaten, Salz und Pfeffer, etwas Wasser.

Die Haxe waschen, trocknen, würzen und in einer Kasserolle im heißen Fett gut anbraten. Das gewürfelte Wurzelgemüse und die Tomaten zugeben. Etwas Wasser zugießen und in der vorgeheizten Backröhre, zugedeckt, je nach Größe, 1 1/2–2 Stunden schmoren lassen. Die Haxe ab und zu begießen, ca. 15 Min. vor der Fertigstellung den Deckel abnehmen, damit die Haxe rundum goldbraun anbraten kann. Die Haxe ist fertig, wenn Sie mit der Gabel bis zum Knochen stechen können und der austretende Fleischsaft ganz klar ist.

Die Haxe auf eine Platte legen. Etwas Wasser in die Kasserolle geben, aufkochen lassen und abschmecken. Die Haxensoße wird nicht abgebunden. Auf Wunsch einen Schuss Weißwein zugeben. Sehr gut schmeckt es auch, wenn sie etwas Thymian oder Rosmarin mitschmoren. Knoblauch finde ich hier nicht passend. Dann eher bei Schweinshaxen. Die Haxen können Sie auch schon beim Metzger auslösen oder in Scheiben schneiden lassen.

__Variante:__ Salzwasser mit Wurzelgemüse und gespickter Zwiebel zum Kochen bringen und die Haxe darin halbgar kochen. Im vorgeheizten Ofen in der Kasserolle fertig braten. Siehe oben.

Schwäbischer Rostbraten

4 Rippenstücke vom Rind mit je ca. 150–180 g, Fett, 2–3 Zwiebeln, Pfeffer und Salz, 1 TL Tomatenmark, etwas Wasser oder Brühe, 2 EL Mehl. Nur gut abgelagertes Fleisch verwenden.

Der schwäbische Rostbraten wird mit dem Handballen etwas geklopft, der Fettrand mit dem Messer einige Male eingeschnitten, gepfeffert und in Mehl gewendet. Im heißen Fett auf jeder Seite 2–3 Min. anbraten.

In Schwaben herrscht leider die Unsitte, die Rostbraten immer ganz durchzubraten.
Die fertigen Rostbraten aus der Pfanne nehmen, salzen und warm stellen. Die Zwiebelringe hellbraun anbraten, das Tomatenmark dazugeben, mit etwas Brühe und einem Schuss Rotwein aufgießen, abschmecken und aufkochen lassen.
Wer den Rostbraten durchgebraten liebt, kann dieselben noch 3–5 Min. in der Soße mitdämpfen. Ansonsten die Zwiebelsoße über die angerichteten Rostbraten gießen.

In vielen Gaststätten werden nur angeröstete Zwiebeln über das Rostbrätle gestreut. Die Soße kommt extra. Verlangen Sie immer frisch angeröstete Zwiebel. Sonst kann es Ihnen passieren, dass Sie vorgefertigte, in der Friteuse herausgebackene Zwiebeln mit dem unverwechselbaren Geschmack von Friteusenfett serviert bekommen. Hier bleibt einem dann das Wort Mahlzeit buchstäblich im Munde stecken. Normalerweise werden Rostbraten auf Krautspätzle serviert.

Zum Schluss fragt der Wirt:
So, wia hen Se onser Roschtbrätle gfonda?
Der Gast: Onderm letschta Salatblättle!

Siedfleisch

750 g Brustkern vom Rind, einige Markknochen, 1 Zwiebel, 1 Stange Lauch, 1–2 Gelbe Rüben, 1 Stück Sellerieknolle, ca. 2 l Wasser, Salz und Muskat, gehackter Peterling.

Das Wasser mit den Markknochen und dem gewaschenen Brustkern in den Topf geben. Aufkochen, abschäumen und ca. 1 1/2–2 Stunden langsam köcheln lassen. Nach Bedarf abschäumen. Eine Fleischbrühe „sott mr nia z' laut kocha“, sagte meine Tante Maria dazu.
Erst nach ca. 1 Stunde gebe ich das Wurzelgemüse bei, damit es nicht verkocht und trotzdem seinen Geschmack beigibt. Damit die Brühe Farbe bekommt, wird allerdings die Zwiebel mit der Schale halbiert, in einer Pfanne mit der Schnittstelle braun angebraten und von Anfang an mitgekocht.
Vor dem Servieren die Brühe mit Muskat und wer will mit Flüssigwürze abschmecken. Die Suppe mit gehacktem Peterling bestreuen. Ein absolutes Muss zum Siedfleisch ist dazu eine Meerrettichsoße. Als Beilage empfehle ich Salzkartoffeln und das noch bissfest gekochte Wurzelgemüse.
Das Siedfleisch mitsamt der Brühe ist auch Grundlage für den Gaisburger Marsch.

Sauerbraten

750 g Rindfleisch, das sogenannte falsche Filet verlangen, eventuell gespickt, oder ein Stück mürben Schoß. 1 Zwiebel, 1 Selleriestück, 2 Gelbe Rüben, 1 Stange Lauch, Pfefferkörner, Lorbeerblatt, 1 EL Tomatenmark, Salz, Wasser, Essig, Rotwein, 1 Prise Zucker, Fett, 1/8 l saurer Rahm, 1–2 EL Mehl, Brotrinde oder 1 Lebkuchen.
Marinade: 1/3 l Essig, 1/3 l Wasser, 1/3 l Rotwein, das zerkleinerte Wurzelgemüse, Pfefferkörner, Lorbeerblatt.

Das Fleischstück 2–3 Tage in die Marinade legen. Zugedeckt im Kühlschrank lagern, ein- bis zweimal umdrehen. Im Sommer die Marinade abkochen, abkühlen lassen und das Fleisch einlegen. Die Marinade kann auch ohne Wein zubereitet werden. Die richtige Mischung finden Sie mit der Zeit selbst heraus.
Das Fleisch aus der Marinade nehmen, gut abtrocknen, die Marinade passieren, das Fleisch in einer Kasserolle im heißen Fett von allen Seiten scharf anbraten. Danach salzen und herausnehmen.
Das Wurzelgemüse mit dem Tomatenmark anbraten, mit etwas Ma-

rinade ablöschen und einköcheln. Das Fleisch einlegen und mit der Brühe bzw. Wasser und einem Teil der Marinade auffüllen. Das Fleisch sollte bis zur Hälfte bedeckt sein. Die Brotrinde oder den Honiglebkuchen zur Soßenbindung beigeben. Wer will, kann zum Schluss die Soße auch mit Mehl abbinden. Die Kasserolle mit Deckel in die mit 200 Grad vorgeheizte Ofenröhre geben. Den Sauerbraten während der Schmorzeit einmal wenden. Schmorzeit ca. 1 1/2–2 Stunden Die Fertigstellung mit einer Gabel prüfen. Danach das Fleisch herausnehmen. Die Soße abschmecken und mit Rotwein, Most und saurem Rahm verfeinern. Den Säuregrad der Soße entscheiden Sie, indem Sie mehr oder weniger Marinade zum Schmoren beigeben. Beilage: Spätzle und Kartoffelsalat. Ein königlich schwäbisches Festessen!

Rindsgulasch

750 g Rindfleisch von der Wade, Fett, 2 EL Mehl, 1 EL Tomatenmark, 1–2 Zwiebeln, Salz, Pfeffer, Paprika, etwas Wasser oder Brühe.

Das Fleisch in mundgerechte Stücke schneiden. Die Zwiebeln fein schneiden und mit dem Mehl und Fleisch vermengen. Das Ganze nun in heißem Fett scharf anbraten. Das Tomatenmark beigeben und ebenfalls kurz mit anbraten. Würzen und mit der erforderlichen Brühe oder Wasser auffüllen. Auf kleiner Flamme ca. 1–1 1/2 Stunden köcheln lassen. Um den Geldbeutel zu schonen, können Sie die Fleischmenge halbieren und ca. 1/2 Stunde vor der Fertigstellung 500 g rohe Kartoffelwürfel zugeben und mitschmoren. In diesem Fall etwas Kümmel mitkochen.

Hackbraten

500 g Hackfleisch, halb Schwein, halb Rind, 2–3 alte Wecken, 2 Eier, 1–2 EL Grieß oder Weckmehl, Fett, 1–2 Zwiebeln, 1 Strauß Peterling, Salz und Pfeffer, auf Wunsch noch etwas Majoran und Knoblauch, Schweinsnetz (rechtzeitig bestellen).

Die Zwiebelwürfel und den gehackten Peterling im Fett glasig dünsten. Die zerrupften Wecken im lauwarmen Wasser-Milch-Gemisch einweichen. Das Ganze mit einem Teller und Topf beschweren, damit alles gut einweicht. Danach gut ausdrücken.

Nun alle Zutaten zusammen gut durchmengen und abschmecken. Wenn Ihnen die Masse zu nass erscheint, noch etwas Grieß oder Weckmehl einarbeiten. Ist die Masse zu trocken, etwas Wasser zugeben. Nun mit nassen Händen einen länglichen Laib formen und in die gefettete Kasserolle setzen.

Um dem Hackbraten den nötigen Halt zu geben, empfiehlt es sich, den Braten in ein Schweinsnetz zu hüllen. Sie können ihn aber auch zur Festigung in Paniermehl wenden oder mit Eiweiß bestreichen. Ganz Vorsichtige setzen das Hackfleisch in eine Backform. Backzeit ca. 1 1/2 Stunden. Dazu servieren Sie Kartoffelbrei und Gemüse.

Tipp:

- *Um das Fleisch zu strecken, können Sie z.B. geriebene Kartoffeln untermengen.*
- *Gut schmeckt auch, wenn Sie dem Hackfleisch Blattspinat beigeben.*
- *Ganz Kreative mengen dem Hackbraten noch Käsewürfel, Gelbe Rüben, gekochte Eier, Essiggurken oder ein ganzes Wienerle bei.*
- *Damit der Hackbraten eine nicht zu feste Kruste bekommt, sollte er ab und zu mit Wasser oder Bratensaft begossen werden. Sie können ihn auch mit Alu-Folie abdecken.*

Fleischküchle

(bekannt auch als Hacksteak, Hamburger, Frikadellen, Buletten oder Fleischpflanzerl)

400 g Schweinehack, 3–4 alte Wecken, Semmelbrösel, 1–2 Eier, 1 Zwiebel, Peterling, Salz und Pfeffer, auf Wunsch Majoran und Knoblauch.

Die Wecken einweichen, gut ausdrücken und zerkleinern. Die gehackte Zwiebel und den Peterling kurz in Butter glasig anbraten und zusammen mit den anderen Zutaten vermengen. Unter die Fleischmasse lassen sich auch gut Speckwürfel, etwas Tomatenmark, Meerrettich oder Gemüsewürfel mengen. Die Hände vor dem Formen der Masse mit lauwarmem Wasser befeuchten.

Dazu schmeckt gut Kartoffelsalat mit Gurken gemischt.

Tipp: *Die Floischküchla vor dem Backen in Semmelbrösel und geriebenem Käse wälzen oder in ein Schweinsnetz wickeln.*

Jedes Tier ist in Gefahr,
vom Menschen verspeist zu werden,
außer dem Krokodil,
das macht es umgekehrt
und frisst die anderen.

(Abraham a Santa Clara)

Der Unterschied zu Frikadellen ist übrigens der, dass hier auch gekochte Fleischreste verwendet werden. Bei uns undenkbar, oder? Wenn bei uns das Hackfleisch gestreckt werden soll, dann nur mit eigwoichte Wecka. Nach dem Motto: D'Floischküchla werrat deirer, d'Brotpreis send gschtiega.

Krautwickel

1 mittlerer Krautkopf (Filderkraut), 400 g gemischtes Hackfleisch, 2–3 alte Wecken, 2 Eier, 1–2 Zwiebeln, Peterling, 1 EL Grieß oder Paniermehl, Salz, Pfeffer und Majoran, Fett, etwas Brühe, 1/8 l Rahm, 1 EL Tomatenmark.

Dem Krautkopf den Strunk herausschneiden. Auf Wunsch geht auch ein Wirsingkopf. Im Salzwasser 5–10 Min. köcheln lassen. Abkühlen, die großen Blätter abtrennen und die Mittelrippe flach klopfen oder herausschneiden. Die Blätter auf dem Tisch verteilen und würzen. Die angemachte Hackfleischmasse in Portionen formen, auf die Blätter verteilen und einwickeln. Mit einem Faden zusammenbinden. In einer Kasserolle auf beiden Seiten anbraten. Etwas Brühe zugießen und ca. 20–30 Min. schmoren lassen. Die Krautwickel auf einer Platte anrichten. Den Rahm und 1 EL Tomatenmark in der Kasserolle aufkochen und abschmecken. Von den kleinen Krautblättern einen Krautsalat bereiten.

__Tipp:__ Auf die Krautwickel je eine Scheibe Speck legen. Die angebratenen Krautwickel ins Sauerkraut setzen und dort mitkochen.

Bietigheimer Laubfrösche

400 g Hackfleisch oder durchgedrehte Fleischreste, ca. 30 große Mangold- oder Spinatblätter, 2–3 alte Wecken, 1–2 Zwiebeln, Peterling, 1–2 Eier, etwas Brösel oder Grieß, Salz und Pfeffer, etwas Brühe, Fett.

Die Laubfrösche werden wie Krautwickel zubereitet. Die Spinat- oder Mangoldblätter kurz mit heißem Wasser überbrühen. Auf dem Tisch ausbreiten. Mit einem Löffel die angemachte Hackfleischmasse verteilen und die einzelnen „Laubfrösche" einrollen. In eine gefettete Kasserolle setzen und kurz anbraten. Etwas Brühe zugeben, mit Butterflocken bedecken und zugedeckt ca. 20–30 Min. schmoren lassen. Zu den Laubfröschen gibt es Salzkartoffeln und eine Buttersoße.

Gefüllte Flädla

Flädlesteig (siehe bei Flädla), Fett, 400 g Hackfleisch, 1–2 Zwiebeln, 1 EL Tomatenmark, Salz und Pfeffer, 3–4 EL Mehl, Paniermehl.

Zuerst die Zwiebelwürfel, dann das Hackfleisch im Fett gut anbraten, das Tomatenmark kurz mitbraten, würzen und eventuell mit Mehl etwas andicken.

Die vorgebackenen, abgekühlten Flädla auslegen und mit der Masse bestreichen. Zusammenrollen, halbieren und panieren. In reichlich Fett goldgelb ausbacken. Als Beilage reichlich frischen Salat servieren.

__Tipp:__ Statt Hackfleisch können Sie auch sehr gut Braten-, Schinken- und Wurstreste zerkleinern und die Flädla damit füllen. Ein preiswertes Resteessen!

Innereien

Gerichte von Eingeweiden gelten seit Jahrhunderten als Essen der einfachen Leute. Ein Glück, kann man da nur sagen, denn was für Köstlichkeiten lassen sich daraus zubereiten! Am häufigsten in der Küche verwendet wurden und werden noch: Hirn, Bries, Leber, Niere, Herz, Lunge, Gekröse und Kutteln.

Leber: Durch ihren hohen Eiweiß-, Mineralstoff- und Vitamingehalt wird sie besonders geschätzt. Die Kalbsleber ist dabei am beliebtesten. Die Rindsleber erkennen Sie an der dunkelroten Farbe. Sie ist preiswert und wird für Leberknödel, aber auch für saure Leber verwendet. Schweinsleber sollten Sie wegen ihres deutlichen Eigengeschmackes eventuell vor der Verarbeitung 30 Minuten in Milch legen. Achtung: Leber sollte man immer erst nach dem Braten salzen.

Nieren: Bevorzugt wird bei uns die Schweinsniere verwendet. Der strenge Geschmack der Nieren ist allerdings oft störend, deshalb die Nieren der Länge nach aufschneiden, alle Häute und Sehnen entfernen und die Teile waschen.

Innereien wie Nieren und Leber sind relativ preiswert, doch leider sind sie heute nicht selten mit Schadstoffen belastet. Innereien sollten deshalb nur von jungen Tieren verwendet und nicht öfter als alle 2 bis 3 Wochen zubereitet werden.

Kutteln: Auch Kaldaunen, Pansen oder Kuttelfleck genannt, stammen vom Rind.

Gekröse: Das Kalbsgekröse sind die Bauchfellfalten; sie werden wie Kutteln zubereitet.

So viele Freunde die Kutteln auch haben – so viele Feinde stehen ihnen gegenüber. Wohl kein Gericht ist so umstritten wie dieses Allerweltsgericht – und das quer durch alle Bevölkerungsschichten. Schon im Mittelalter wurden besondere „Kuttelhöfe“ eingerichtet. Kutteln galten als minderwertiges Fleisch und wurden laut der Reichsgewerbeordnung aus Vorsicht nur in abgekochter Form abgegeben. Die Gehilfen der Metzger wurden Kuttelknechte genannt. „Kuttelgerber“ war früher ein beliebtes Schimpfwort.

Aus dem Volksmund

„Där fällt driber her, wia a Hond ibr d'Kuttla."

Denn was dem einen sein Leibgericht, diente dem anderen gerade noch als Hundefutter. Doch ausgerechnet diese Innerei haben die Schwaben besonders in ihr Herz geschlossen. Kutteln in einer sauren Brennsoße mit Bratkartoffeln ist ein echtes Gedicht. In Schwaben schätzt man als Würze den Majoran, im Volksmund bekannt als „Kuttelkraut". Die „Kuttelfleck" in saurer Brüh, überliefert von den Fildern 1718, dürfte dennoch wohl eher mit einem Schluck rotem Württemberger verfeinert worden sein. Die „Kuttelsupp" war das traditionelle Voressen, z.B. auf Märkten, wo sich die Bauern noch weit in das letzte Jahrhundert hinein stärkten. Und die Beliebtheit dieses edlen Gerichts, Sie merken, auch meine Wenigkeit ist ihm verfallen, ist auch im Ausland seit alters her hoch geschätzt.

Saure Kutteln

500 g Kutteln bestellen. Werden vom Metzger schon gekocht und in Streifen geschnitten geliefert. 2 l Wasser.

Brennsoße: Mehl, Butterschmalz, Wasser, Salz, Pfeffer, Essig, Zwiebeln, 2 Lorbeerblätter, 1 Schuss Rotwein (siehe Brennsoße).

Die vom Metzger vorgekochten Kutteln garkochen und abschütten. Die Brennsoße zubereiten, die Kutteln zugeben und noch einige Minuten darin schmoren lassen. Gut säuerlich abschmecken. Die Kutteln sollten nicht zu weich gekocht werden. Man serviert sie als reine Kuttelsupp oder als Hauptgang mit Bratkartoffeln.

Tipp:

- *Die Brennsoße nur mit Most zubereiten.*
- *Die Kutteln statt in Streifen in kleine Quadrate schneiden, dann*

sind sie leichter zu verzehren. Bei den in langen Streifen zubereiteten Kutteln wird leicht gekleckert. Hier ist für unsere kleinen Erdenbürger ein Latz zu empfehlen.

- *Ein altes Rezept empfiehlt, eine Tasse Weinbeeren in Rotwein einzulegen und vor dem Servieren noch kurz mit den Kutteln mitzuschmoren.*

Variante I: *Die Kutteln in Speck- und Zwiebelwürfel anrösten, verklepperte Eier darübergeben und stocken lassen.*
Variante II: *Die Kuttelstreifen in Pfannkuchenteig tauchen und in Butterfett goldgelb herausbacken. In beiden Fällen gibt es dazu Kartoffelsalat mit Endivie vermischt.*
Ein Feinschmecker meinte gar, fein geschnittene Salbeiblätter darübergestreut, sei erst die echte Erfüllung. In Schwaben dagegen schätzt man als Würze mehr den Majoran – im Volksmund bekannt als Kuttelkraut.

Geröstete Kutteln

500 g in Streifen geschnittene und weich gekochte Kutteln in Öl anbraten, mit Salz und Pfeffer würzen, fein gehackte Petersilie zugeben und erhitzen. Danach mit verklepperten Eiern übergießen und stocken lassen. Zarter mundet dieses Gericht mit Kalbsgekröse. Beim Metzger bestellen.
Strecken können Sie dieses Gericht, wenn Sie separat feine Zwiebeln und Kartoffelstifte anbraten. Sobald sie knusprig sind, mit dem Gekröse vermengen und die Eier darübergeben.

Dem hanne d' Kuttla gwäscha,
hieß es nach einem Streitgespräch.
Mensch, hot där a Kuttel, heißt es
bei einem Langläufer, also jemand,
der lang und schnell rennen kann.

Vom Kuttelfleck

Von Ochs und Kuh die fetten Bauchfellwände,
in die der Fleischer ungern taucht die Hände,
verkochen sich, sind sie von Talg und Dreck
gesäubert, zu famosem Kuttelfleck.

Man lässt es wässern, schneidet es in Streifen,
lässt golden erst im Schmalz die Zwiebeln reifen
und setzt gewiegtes Räucherfleisch daran,
auch Mandeln, wenn man es sich leisten kann.

Das Ganze wird geschmort, gerührt, gesotten,
und schmeckt, als würd die Schöpfung mild verrotten;
es scheint, dass mancher es so gerne isst,
weil es zugleich gemein und köstlich ist.

(E. Kramer)

Kalbsgekröse

500 g Kalbsgekröse (vorbestellen), 2 l Wasser,
Salz, Pfeffer, Essig, 1 Schuss Wein, 1/8 l saurer Rahm.

Das vorgekochte Kalbsgekröse im Wasser kurz aufkochen und abtropfen lassen. Eine hellbraune Brennsoße zubereiten und das nudelartig zugeschnittene Gekröse zugeben und einige Minuten mitköcheln. Vor dem Servieren mit Essig, Wein und Rahm abschmecken. Dazu gibt es Bratkartoffeln.

Tipp: *Das Kalbsgekröse ist leider von den Speisekarten ganz verschwunden. Dabei könnte es den Kutteln große Konkurrenz machen. Gut schmeckt das Gekröse auch mit Zwiebeln angeröstet und mit Ei zu* *einem Omelett gebraten. Früher wurden dazu noch Kartoffeln mitgebraten und teilweise mit Kümmel gewürzt.*

Saure Nieren

400–500 g Schweinsnieren, 1 Zwiebel, Salz, Pfeffer, Essig, Fett, 1 guter Schuss Rotwein, etwas Mehl, Brühe bzw. Wasser.

Die echten Saure-Nieren-Fans schneiden die Nieren in feine Scheiben (2–3 mm) und braten sie in heißem Fett mit Zwiebelwürfeln scharf an. Löschen sie kurz mit Essig ab, stäuben sie etwas mit Mehl, würzen nicht vergessen, und gießen die Brühe zu. Kurz durchschmoren und heiß mit Bratkartoffeln servieren.

Die Vorsichtigen, die gehört haben, dass die Nieren ab und zu soichalat, also nach Urin düfteln, machen aus der Zubereitung einen Staatsakt. Da werden die Nieren zuerst gewässert, dann gehäutet, gespalten, alle Sehnen und Häute entfernt, nochmals gewaschen, in Milch gelegt und dann in Wurfel geschnitten. Und schmecken soll das auch noch.

Tipp:

- *Kaufen Sie nur frische Nieren.*
- *Achten Sie darauf, dass sie schön rosa sind.*
- *Nieren nur kurz garen, damit sie nicht hart werden.*

Saure Leber

400–500 g Schweins- oder Kalbsleber, 1 EL Fett, 1–2 EL Mehl, 1–2 Zwiebeln, Brühe oder Wasser, Salz und Pfeffer, Essig, 1/8 l Rahm, 1/2 Glas Obstler.

Die Leber enthäuten und in kleine Scheibchen schneiden. Im Fett die Zwiebelwürfel und die Leber kurz andämpfen, bis kein Blut mehr austritt. Dann mit Mehl stäuben, kurz mitbraten bis es leicht gebräunt ist, mit Essig und Brühe ablöschen und aufkochen. Erst zum Schluss würzen und den Rahm beigeben. Nur kurz schmoren, da die Leber sonst hart wird.

Dazu gibt es bei uns Brat- oder Salzkartoffeln und grünen Salat.

***Variante:** Die Leberscheiben panieren oder aber nur in Mehl wenden und herausbacken. Zum Schluss das Fett abschütten und die Leber in Butter nachbraten. Ein Kartoffelbrei sollte hier nicht fehlen.*

Schweins- bzw. Kalbszunge

Ca. 4 Zungen (vorbestellen), 2 l Wasser, Wurzelgemüse, Salz und Pfeffer, Mehl, Paniermehl, 2–3 Eier, Butterschmalz.

Die Zungen im gesalzenen Wasser kochen, bis man die Haut abziehen kann. Danach in längliche Scheiben schneiden, panieren und in Butterschmalz goldgelb herausbacken. Dazu mundet Reis und grüner Salat.

Tipp: *Aus dem Fond eine Weißweinsoße bereiten und die Zungenscheiben darin servieren.*

Kalbsherz

2 kleinere Kalbsherzen, 2 l Wasser, Wurzelgemüse, Salz und Pfeffer, 3 Lorbeerblätter, Mehl, Butterfett, 1 EL Essig, 1/8 l saurer Rahm, 1 Schuss Wein, Brennsoße.

Die Kalbsherzen gut waschen. Ins kochende Wasser geben, die Gewürze und das Gemüse beigeben und ca. 30 Min. köcheln lassen. Aus dem Fond eine Brennsoße zubereiten. Das Herz in Scheiben schneiden und in der Soße ca. 15 Min. weiter köcheln lassen. Zum Schluss die Soße mit einem Schuss Wein und Essig sowie dem Rahm abschmecken.

Dazu gibt es Bandnudeln und Salate.

Tipp:

- *Das Herz mit Speckstreifen spicken.*
- *Die Brennsoße statt aus dem Fond ganz aus Most herstellen.*

Leberknöpfle

400 g gehackte Leber (beim Metzger vorbestellen), 3 alte Wecken, Milch, 2–3 Eier, 2 Zwiebeln, Peterling, Salz, Pfeffer und Majoran, 1–2 EL Grieß oder Paniermehl, Butterschmalz, Wasser, Speck- und Zwiebelschmelze.

Die Wecken klein schneiden und im lauwarmen Milch-Wasser-Gemisch einweichen. Mit einem Teller und Topf beschweren, ca. 15 Min. ziehen lassen und anschließend gut ausdrücken. Die Zwiebeln und den Peterling fein hacken und in der Butter glasig andünsten. Nun alle Zutaten zusammen gut vermengen und kräftig würzen. Wenn die Masse zu weich ist, noch etwas Grieß bzw. Paniermehl beimengen. Ins heiße Wasser einen Probeknopf einlegen. Mit einem Löffel die Leberknöpfle ins leicht köchelnde, gesalzene Wasser legen und ca. 20 Min. ziehen lassen. Die Leberknöpfle werden auf Sauerkraut angerichtet und vor dem Servieren mit angerösteten Zwiebel- und Speckwürfeln abgeschmelzt. Kartoffelbrei sollte hier nicht fehlen.

Wer's nicht anders weiß,
dem schmeckt Leber wie Fleisch.

Riedlinger Gröscht

250 g Schweinsleber, 2 Schweinsnieren, 1 Schweineherz, nach Belieben Kutteln, Wurzelgemüse, 2 l Wasser, Salz und Pfeffer. Brennsoße: Mehl, Butterschmalz, Brühe, Essig, 2 Lorbeerblätter, 1 Schuss Rotwein oder Most.

Die Innereien gut waschen, ins heiße Wasser geben, würzen und mit dem Wurzelgemüse köcheln lassen. Ab und zu den Garzustand prüfen, da die Leber früher fertig gekocht ist. Danach abkühlen lassen, in Würfel schneiden, in die Brennsoße geben und noch einige Minuten darin schmoren lassen. Gut säuerlich abschmecken.

Als Beilage werden Weckknödel empfohlen.

***Variante:** Reichlich Zwiebel (halb Zwiebel – halb Fleisch) in einer Kasserolle andünsten. Die klein geschnittenen, rohen Innereien zugeben und mitköcheln. Die Kutteln erst zum Schluss beigeben. Eine hellbraune Brennsoße kochen und die Innereien damit abbinden. Zum Schluss würzig abschmecken und etwas Sahne untermengen.*

Lieber viel mit Genuss,
als wenig mit Verdruss!

Von Mus und Schwarzem Brei

Im 15. bis 16. Jahrhundert kam, auch bedingt durch die Privilegierung der Jagd durch den Adel und den Klerus, immer weniger Fleisch auf den Tisch, und die einfachere Bevölkerungsschicht musste sich immer mehr auf Mehlspeisen beschränken.

So begann der Tag mit einem kräftigen Mus, das nach der Morgenmesse von der Musglocke eingeläutet wurde. Die erste Amtshandlung der Bäuerin war es, die Muskachel – das war meistens ein Kochtopf aus Messing – mit Wasser zu füllen und sobald dasselbe kochte, das Musmehl einzurühren. Unter ständigem Rühren wurde ein dicker Brei, fest wie eine Grütze, gekocht. Auf der Alb und darüber hinaus wurde das Morgenessen aus gemahlenem, angeröstetem Dinkel bereitet. Er war als Schwarzer Brei oder Brennt's Mus bekannt. Dabei war dieser Brei gar nicht schwarz, sondern eher appetitlich braun. Und er wurde nicht nur zum Frühstück serviert, sondern auch als Beilage zum Fleisch. Also eine Art deutsche Polenta.

Bevor sich das Brot als Vesper durchsetzte, nahmen die Bauern das Mus in Saublodra verpackt mit zur Arbeit aufs Feld. Damit das Mus besser hinunterrutschte und mehr Energie für die schwere Arbeit lieferte, wurde es kurz vor dem Essen mit einer kräftigen Portion von ausgelassenem Schweineschmalz abgeschmelzt. Nicht umsonst hieß es auf der Alb: 's Mus isch erscht guat, wenn's richtig gschmalzat isch. Nach dem Dreißigjährigen Krieg und den anschließenden Hungerjahren war man vielerorts froh, wenn wenigstens ein Saunabel über dem Tisch hing, um den Löffel einzufetten.

Bis ins 20. Jahrhundert hinein wurde die Muskachel auf den Tisch gestellt und das Mus gemeinsam verzehrt. Der lästige Abwasch war damals noch ein Fremdwort, denn den Löffel hängte jeder an einem Lederriemen an seinem Tischplatz auf. Mus war bei Handwerkern, Arbeitern und Bauern als Morgenspeise vielerorts geschätzt. War es doch so nahrhaft, dass es der arbeitenden Bevölkerung stundenlang genügend Energie für ihre Arbeit lieferte. Und viele unserer gestressten Mitbürger haben den Getreidebrei wieder entdeckt und genießen ihr Müsli warm oder kalt in verschiedenen Ausführungen.

Mit der Zeit entwickelten sich natürlich auch regional verschiedene Zubereitungsarten, wie z.B. Mus aus geröstetem Weizen- oder Hafermehl. So kommt aus der Heidenheimer Gegend der Häberne Brei. Das Wasser wurde teilweise durch Milch ersetzt. Oder man verfeinerte das Mus noch, indem man Grieben oder Brotwürfel darüberstreute. Für Kleinkinder wurde ein spezieller weißer Brei aus fein geschrotetem Mehl gekocht.

Ein unverzichtbares Gerät beim Musessen war der Pfannenknecht, eine Art Untersetzer, auf dem die Muskachel auf den Tisch gestellt wurde. Nicht selten benutzte man ihn zum Aufwärmen der Speisen auf dem Felde.

Als das Mus im letzten Jahrhundert mehr und mehr vom Brot und dem neumodischen Kaffee abgelöst wurde, neckte man die armen Musesser gern als Musbäuch, Musfresser, Kleiafresser oder Kleiabeitel. Um jemand zu ärgern, spottete man: Dir henses Muas au mit dr Schaufel gfuttert, das wohl auf ein breites Mundwerk hindeutete. Das nahrhafte Mus begleitete uns also durch die Jahrhunderte und galt seit dem Mittelalter als die Nahrung schlechthin.

Brennt's Mus oder Schwarzer Brei

200 g Musmehl, 1/2 l Wasser, 1 l Milch, 150 g Butter, 1 Prise Salz.

50 g Butter in einem Topf zergehen lassen, 1/2 l Wasser zugeben und unter ständigem Rühren das Musmehl einstreuen und zum Kochen bringen. Danach langsam die Milch dazugeben und ca. 20 Min. unter fleißigem Rühren fertig kochen. Vor dem Servieren die restliche Butter zergehen lassen und über das Mus verteilen.

Das Musmehl wurde für den Schwarzen Brei, der eigentlich hellbraun ist, im Ofen, oder auch einfach vor dem Kochen in der Kasserolle mit Schmalz angeröstet.

Am besten schmeckt das Mus natürlich aus einer Kupferpfanne, die früher in jedem Haushalt zur Standardausrüstung gehörte. Bei der Herstellung des Schwarzen Breis (Mus) sollte in der Pfanne eine hellbraune Kruste entstehen. Die Schupet, wie sie auch hieß, war besonders bei den Kindern beliebt.

Da sich früher alle zusammen aus einer Pfanne stärkten, gab es auch immer wieder Streit. So wurde der Brei nicht selten genau nach Personenzahl eingeteilt. Besonders um die Schmelze, also um das zerlassene Schmalz oder um die Butter, wurden regelrechte Kleinkriege veranstaltet, wie Erzählungen aus dem Volksmund berichten: Ein Bauer nahm, wie es sich gehörte, den ersten Löffel voll, zog dabei eine tiefe Rinne in das Mus und sprach: „So zog Moses durch das Rote Meer." Und die zerlassene Butter folgte ihm. Der Großknecht dachte, was du kannst, kann ich auch, und zog eine halbrunde Furche durch den Brei zu sich her und sprach: „Und es folgte ihm viel Volk nach." Der Dritte, gar nicht dumm, zog eine Furche kreuz und quer durch das Mus und sprach: „Und es gab ein großes Durcheinander."

Ein ganz besonders geiziger Bauer zog eine Furche am Rand herum und sprach: „So läuft die Sonne und so der Mond", woraufhin das ganze Fett zu ihm lief. Da platzte dem Großknecht der Kragen und er nahm die Pfanne am Stiel, schlug sie dem Bauern auf den Kopf und schrie: „Und so schlägt der Blitz ein."

Aber auch der Herr Pfarrer war von der Lust nach der köstlichen Butter nicht gefeit. Wie es sich gehört, sprach er vor dem Essen ein Gebet: „Im Namen des Vaters, des Sohnes und des Heiligen Geistes …", und bei jedem Namen zog er eine Furche in seine Richtung. Da war er bei seiner neuen Haushälterin aber an die falsche Adresse geraten. Denn sie stieß nun ihren Löffel in das Mus, formte eine große Mulde, um das restliche Fett für sich zu gewinnen, und sprach: „Und das ist für die anderen Heiligen, Amen!"

Musmehlmus

1 1/2 l Wasser, 200 g Mehl (ein aus Weizen, früher Dinkel, grob gemahlenes Mehl, bei dem nur ein Teil der Getreidehülse entfernt ist), 2 Scheiben in Würfel geschnittenes Schwarzbrot, ca. 50–70 g Butter oder Schmalz, 1 Prise Salz.

Das Wasser aufkochen und langsam unter ständigem Rühren das Musmehl einstreuen. 15–30 Min. unter ständigem Rühren köcheln lassen. Nach der Fertigstellung bekommt das Mus schnell eine Haut, worüber die zerlassene Butter gegossen wird.

In vielen Gegenden werden dann noch Brotwürfel dazugegeben.

Grießmus

80–100 g Grieß, 1 l Milch, 50 g Butter, Zucker, Salz, 1 Eigelb.

In die kochende Milch den Grieß einstreuen und ca. 5–10 Min. unter ständigem Rühren köcheln lassen. Vor dem Servieren den Zucker und die Prise Salz zugeben, die Butter sowie das Eigelb unterziehen. Schön sieht es aus, wenn man den Zucker auf das fertige Mus streut und mit einem glühenden Eisenstab Figuren einbrennt.

Käsmus

4 große EL Mehl, 1 Ei, Salz, 100 g geriebenen Käse, 1/2 l Milch-Wasser-Gemisch, 1 Zwiebel, 2 EL Schmalz.

Aus Mehl, Ei und Salz Riebele herstellen. Dabei die genannten Zutaten in einer Schüssel zu einem festen Teig vermengen und auf einem Rettichhobel abreiben.

Die Milch aufkochen und die Riebele und den Käse darunterziehen. Die fein geschnittene Zwiebel in Schmalz anbräunen und das Mus abschmelzen.

Holundermus I

500 g Holunderbeeren, Zucker nach Bedarf, Salz, 1/8 l Milch, ca. 50 g Butter, 1 EL Mehl.

Die Beeren werden in der Milch, Salz, Zucker und Butter leicht angedünstet. Das Mehl, mit etwas Flüssigkeit angerührt, dazugeben und nochmals kurz aufkochen. Teilweise wurden früher dazu frisch gekochte Kartoffeln gegessen. Mancherorts gab man nur angeröstete Brotwürfel darüber.

Holundermus II

Ca. 3–4 Holunderblüten, 1/2 l Milch, 120 g Grieß, entweder 1–2 EL Schmalz oder Butter, Salz.

Die Milch mit den gewaschenen Holunderblüten aufkochen und danach durch ein Tuch seihen. Nun die Holundermilch mit Grieß und Salz zu einem guten Mus kochen. Vor dem Servieren das Schmalz bzw. die Butter unterziehen. Feinschmecker geben eine Messerspitze Safran in die Milch.

Reibmus

150 g Semmelbrösel, 3/4 l Milch, 100 g Rosinen, 50 g Butter, Salz und Zucker.

Die Milch aufkochen, nach und nach die Semmelbrösel dazugeben und ca. 15 Min. sämig kochen. Die Rosinen dazugeben, nochmals kurz aufkochen, mit Salz und Zucker abschmecken und die zerlassene Butter darübergeben.

Brennt's Hafermus mit Kartoffel

1 l Wasser, 100 g Butterschmalz, Salz, 200 g Hafermusmehl, 150 g geriebenen Emmentaler, etwas Kümmel, 2 Lorbeerblätter, 4–5 gekochte Kartoffeln.

Das Musmehl in der Pfanne mit Butterschmalz anrösten. Mit 1 l Wasser aufgießen und ca. 20–25 Min. mit dem Salz, Kümmel und Lorbeerblättern köcheln lassen. Danach geriebenen Käse unterrühren.

Die gekochten Kartoffeln mit dem Rettichhobel fein hobeln und in einer separaten Pfanne anrösten, würzen und über dem Hafermus verteilen.

Hungerjahre

Im deutschen Südwesten kam es durch die Bevölkerungsexplosion und die Realteilung des Grund und Bodens zu Beginn des 19. Jahrhunderts immer mehr zur Zersplitterung der landwirtschaftlichen Anbaufläche, so dass keine vernünftige Bewirtschaftung mehr möglich war. Dazu kamen die erdrückenden Abgaben und Frondienste der Fürstenhäuser, die damit ihre aufwendige Hofhaltung finanzierten. Erst 1817 wurde in Württemberg die Leibeigenschaft abgeschafft.

Der zweite Grund der Verarmung ganzer Landstriche waren die napoleonischen Kriege. Es begann 1805, als starke französische

Truppenverbände auf ihrem Weg nach Österreich durch Baden und Württemberg zogen und bis 1820 durch ständige Einquartierungen, Kontributsleistungen sowie Plünderungen das Land wirtschaftlich ruinierten.

Die herrschenden Fürsten, der Großherzog von Baden (1811 bis 1818) und Herzog Friedrich von Württemberg (1797 bis 1806), danach König bis 1816, zeigten wenig Verständnis für die Nöte ihrer Untertanen. Der erste Kritiker dieser Zustände und des Königshauses, Friedrich List, wurde aus dem Land gedrängt und musste 1825 unter Verzicht seiner Bürgerrechte nach Amerika auswandern.

Nur noch ein Drittel der Bevölkerung hatte das nötige Einkommen, sich und seine Familie ausreichend zu ernähren. Ein Drittel galt als verarmt, und das restliche Drittel zog als Bettler durchs Land. Die Obrigkeit ließ Bettler festnehmen und des Landes verweisen. Heiraten durfte nur, wer einen festgelegten Betrag nachweisen konnte.

Vor den Toren der Kirchen und Klöster warteten Hunderte von Armen und bettelten um eine Suppe oder ein Stück Brot. In Marchtal sollen einmal beim Öffnen des Tores 42 Menschen erdrückt worden sein. Darunter allein 22 Kinder. Im Kloster Zwiefalten warteten oft bis zu 800 Hungrige auf ihr tägliches Brot.

Die Kornpreise explodierten. In Ulm kam es deswegen zu Aufständen, und die hungrige Bevölkerung stürmte das Kornhaus. Jetzt rächte es sich, dass die Bauern ihr Getreide den Händlern verkauft und sie selbst nichts mehr zu beißen hatten. Nun mussten sie es, um nicht zu verhungern, zum vierfachen Preis zurückkaufen. Menschen die kein Geld hatten, gruben ihre Kartoffeln aus und aßen sie mit der Schale. Eine Suppe aus Wurzeln und Heublumen sorgte dafür, dass sie besser hinunterrutschten. Jeden Tag hörte man die Totenglocken. Besonders Ältere und Kinder waren betroffen.

Sogar große Pferdebauern mussten hungern und schnarrmaulen. Aus jener Zeit stammt wohl der Spruch: Ma ka au an halba Sack zuabenda.

Aus den Jahren 1816/17 sind Rezepte für besondere Knöpfla überliefert. Da Mehl für die meisten Menschen nicht mehr erschwinglich war, wurden aus Kleie, gemahlenem Ahornholz, jungen Himbeerblättern und Rabeneiern Knöpfla gefertigt. Dazu gab es je nach Jahreszeit Gemüse aus Sauerampfer und Wurzeln (Löwenzahn).

In Ennabeuren sollen die verzweifelten Hungrigen Katzen- und Hundefleisch verzehrt haben. Zum Strecken des Brotteiges verwendete man Heublumen, Rüben, Biertreber, gemahlenes Stroh und Baumrinde sowie Sägemehl und zerkleinerte Queckenwurzeln. Reh-, Schafs- und Hasenköpfe waren gefragt, um eine vernünftige Soße zu fertigen und die Knochen dann abzunagen. Findige Jäger fingen Spatzen mit Leimruten, um eine gehaltvolle Suppe zu kochen.

Wer das Geld dafür aufbrachte, wanderte aus. Manche Gemeinden bezahlten verarmten Gemeindemitgliedern die Überfahrt, nur damit sie die unnützen Esser nicht mehr versorgen mussten.

Im Mai 1817 galten 80 Prozent der Bevölkerung als arm und für die Armenunterstützung qualifiziert. In Laichingen erfolgte die Getreidezuteilung aus staatlichen Speichern erst nach Androhung eines Hungermarsches aller Laichinger Bürger.

Die von den Kirchen angeordneten Fastenzeiten im Mittelalter, ein Drittel des Jahres, wurden gegenstandslos. Niemand brauchte mehr Angst zu haben, wegen Übertretung der Fastengebote seine Zähne zu verlieren. Die freiwillige Entsagung von Fleischspeisen, um Gott wohlgefällig zu sein, wurden von den Gläubigen täglich erfüllt. Schnecken standen hoch im Kurs. Die Kinder streunten durch Wald und Flur, um die begehrten Schleimer einzusammeln.

In normalen Zeiten legten sich viele Kleinlandwirte Schneckengärten an, um sie zu Hunderten nach Ulm zu verkaufen. Insgesamt gingen von Bremelau, Anhausen, Indelhausen, Eglingen und Ehestetten Tausende von Schnecken als Fastenspeise, in Fässern verpackt, die Donau hinab nach Wien, wo sie als Ulmer Austern reißenden Absatz fanden.

Von Dampfnudeln bis Eierhaber

Wenn es früher bei uns Dampfnudeln gab, war das für uns Kinder immer ein besonderer Freudentag. Und jedes Mal gab es Streit wegen der Kruste, denn das war für uns Kinder das Beste. Mir läuft heute noch das Wasser im Munde zusammen. Dazu kochte unsere Mutter immer Vanillesoße, wobei sie geschlagenen Eischnee unter die Soße mischte, natürlich immer zu wenig.

Leider werden die Dampfnudeln in unserer schnelllebigen Zeit immer mehr zum Stiefkind unserer Küche. Aber das lässt sich ja ändern. Ihr Sohn oder Ihr Töchterlein wird es Ihnen bestimmt danken.

Wichtig bei der Dampfnudelzubereitung ist die Kachel oder Kasserolle. Am besten geeignet sind Kacheln aus Eisen. Früher hatten viele Küchen spezielle Dampfnudelkacheln zur Verfügung. Wichtig dabei ist, sie gut auszufetten.

Der Deckel darf während der Garzeit nicht abgenommen werden, sonst fallen Ihnen die Dampfnudeln zusammen. No hangad se dren wia Wettschtoi, sagt der Volksmund.

Schließt der Deckel nicht sauber ab, muss er mit einem feuchten Tuch abgedichtet werden. Das Ende der Garzeit lässt sich genau feststellen, wenn Sie das Ohr nahe der Kachel halten. Hören Sie ein leichtes Krachen, dann ist die Milch verdampft, die Kruste fertig und es ist Zeit, die Kachel vom Herd zu nehmen.

Da man auf der Alb früher hauptsächlich von Mehlspeisen lebte, haben sich dort auch besondere Dampfnudelrezepte entwickelt und erhalten, denn die Not ist der beste Koch. So waren etwa die heute kaum noch bekannten Dampfnudeln in der Schleifersbrüh sehr beliebt. Man setzte dabei die Nudeln auf Kartoffeln, Kraut oder – wenn man sie süß wollte – auf Obst. Leider gab es dabei keine Kruste.

Als Süßspeise waren die Dampfnudeln besonders geschätzt, denn Süßigkeiten waren rar. Auch Rohrnudeln, die sich besonders gut zum Eibrocka in den Kaffee eigneten, waren sehr beliebt.

Dampfnudellied

Dampfnudla hand m'r geschtern ghet,
Dampfnudla hand m'r heit,
Dampfnudla mögat m'r älle Dag, wenn's oine geit.

Dampfnudla en dr Zwetschgabrüah oder mit Sauerkraut,
des glaub, isch a rare Koscht, do wird nei g'haut.

Je größer dia Dampfnudl isch, je größer isch d' Fraid,
weil halt a große Dampfnudl besser ausgeit.

Wenn i an mei Muatter denk, wia se am Herd schtoht,
wia se dia Dampfnudla macht, wia dr Doig goht,

wia'ra i oft zuagucket hau als kloiner Bua,
kriag i, wenn i Dampfnudla seah, gar nemme gnua.

Dampfnudeln

25–30 g Hefe, 1/8–1/4 l Milch, 3 EL Zucker, 500 g Mehl, 60 g Butter oder Margarine, 2–3 Eier, 1 Prise Salz.

Die Hefe mit etwas lauwarmer Milch und 1 TL Zucker auflösen und 10 Min. ruhen lassen. Danach das Mehl mit der flüssigen Butter, den Eiern, der restlichen Milch, Zucker und der angemachten Hefe gut vermengen und den Teig schlagen, bis er Blasen wirft und sich von der Schüssel löst.

Den Hefeteig mit einem Tuch zugedeckt an einem warmen Platz gehen lassen. Danach den Teig 1,5 cm dick auswellen und mit einem Glas weckengroße Nudeln ausstechen und nochmals gehen lassen. Eine Kasserolle gut ausfetten, 1–2 Tassen Milch oder Wasser zugießen, mit 1 Prise Salz zum Kochen bringen und die Nudeln einsetzen. Die Kasserolle zudecken und bei schwacher Hitze die Nudeln aufziehen. Die Garzeit beträgt 15–20 Min. Ist das Wasser bzw. die Milch verdampft, wird der Deckel rasch entfernt, so dass keine Wassertropfen auf die fertigen Dampfnudeln fallen. Sie sollten sofort mit ihrer herrlichen Kruste serviert werden. Dazu reicht man Vanillesoße oder Kompott.

Dampfnudeln in der Schleifersbrühe

Hefeteig siehe Grundrezept.

70 g Butter, ca. 500 g Kartoffeln, Salz, 2–3 Tassen Milch.

Die Kasserolle gut ausfetten und daumendick mit rohen Kartoffelscheiben bzw. -würfeln auslegen. Salzen, mit 2–3 Tassen Milch oder Wasser auffüllen, aufkochen, die Nudeln einsetzen und ca. 25 Min. auf kleiner Flamme ziehen lassen.

Da die Schleifersbrühe in den Kartoffeln meistens nicht ausreicht, wurde – solange die Dampfnudeln garen – aus 1/4 l Wasser, Salz und einem guten Löffel Schmalz und Mehl eine Brühe zubereitet, damit die Schleifersbrühe noch gestreckt werden konnte.

Beliebt war, die Kartoffeln in der Schleifersbrühe mit angebräunten Zwiebeln und Speck abzuschmelzen. Statt Kartoffeln wurde auch gerne Kraut mitgekocht.

Mei Bäure isch a hausigs Weib,
hot Doig am Schuz, dass Nudla geit.

Dampfnudeln mit Äpfeln

Dampfnudeln siehe Grundrezept.

500 g Äpfel, 50 g Rosinen, 2 EL geriebene Haselnüsse, 3–4 EL Zucker.

Den Teig ausrollen und die Nudeln ausstechen. Die geschälten Äpfel in kleine Stückchen schneiden, die gewaschenen und abgetrockneten Rosinen mit den Haselnüssen und dem Zucker vermischen.

Die Nudeln damit füllen, zugedeckt nochmals gehen lassen und wie bei den Dampfnudeln fertig garen. Anstelle der Äpfel können auch entsteinte Zwetschgen oder Kirschen verwendet werden.

Die Nudeln kann man auch im Ofen bei 200 Grad ca. 40 Min. backen.

Dampfnudeln in Zuckersoße

Hefeteig siehe Grundrezept.

70 g Butter, 70 g Zucker, 2–3 Tassen heißes Wasser.

Den Teig wie im Grundrezept zubereiten, ausstechen und gehen lassen. Mittlerweile werden in der Kasserolle ca. 70 g Butter und die gleiche Menge Zucker braun geschmelzt, 2–3 Tassen heißes Wasser zugegeben, kurz aufgekocht und die Nudeln eingesetzt. Man lässt sie ca. 20 Min. garen, allerdings nicht bis zur Kruste einkochen lassen. Die Dampfnudeln mit Zuckersoße übergießen und mit Kompott servieren.

Eierhaber

150 g Mehl, 5 Eier, 1/4 l Milch, 1 Prise Salz, Öl oder Butter zum Braten.

Die Eier trennen. Mit dem Mehl, dem Eigelb, Milch und Salz einen Teig zubereiten. Das Eiweiß zu steifem Schnee schlagen und unter den Teig ziehen. In einer Eisenpfanne mit feuerfestem Griff das Fett erhitzen. Den Teig hineingießen und kurz die Unterseite anbraten. Dann die Pfanne in den mit 225 Grad erhitzten Ofen schieben und 10 Min. aufgehen lassen. Herausnehmen und wenden, kurz anbraten und mit zwei Gabeln in kleine Stücke reißen und nochmals alles zusammen anbraten.

Tipp:

- *Den Eierhaber können Sie auf Wunsch auch noch mit geriebenem Käse, Speckwürfeln oder Pilzen verfeinern.*
- *Ansonsten eignet sich der Eierhaber gut als Beilage zu süßen und gesalzenen Speisen. Wenn Sie es eilig haben, können Sie auch auf den Eischnee verzichten.*
- *Nach Belieben können unter den Teig eingeweichte, zerpflückte Wecken gemischt werden.*
- *Bei uns wird Eierhaber auch gern zu Gemüse gegessen. Ganz toll schmeckt er auch zu frischem Spargel.*

Spinatpfannkuchen mit Speck

200 g Mehl, 3 Eier, 1/4 l Milch, 1/2 TL Salz, Muskat, ca. 300 g fein gehackter, gebrühter Spinat (am besten Spinat aus der Tiefkühltruhe), 200 g Speck, Butter oder Öl zum Braten.

Zusammen mit dem Spinat einen Pfannkuchenteig zubereiten und 1 Stunde ruhen lassen. Den Speck in Streifen schneiden und goldgelb anbraten, etwas abkühlen lassen und dem Teig beimengen. Danach in Butter oder Öl auf beiden Seiten goldgelb anbraten.

Pfannkuchen mit Geflügelleber

200 g Mehl, 3 Eier, 1/4 l Milch, 1 Prise Salz, 2 Zwiebeln, 2 EL Sahne, 400 g Geflügelleber, Pfeffer, 2–3 EL Öl.

Zunächst den Pfannkuchenteig zubereiten und 1 Stunde ruhen lassen. Die fein geschnittenen Zwiebeln glasig anbraten, die geputzte und geschnittene Geflügelleber mit Mehl bestäuben, dazugeben und braten, bis kein blutiger Saft mehr austritt. Mit Rotwein oder Sahne ablöschen und gut würzen.

Die Pfannkuchen braten und die Füllung darauf verteilen. Zusammenrollen und auf eine heiße Platte legen, eventuell im Ofen warmhalten.

Apfelpfannkuchen

200 g Mehl, 3 Eier, 1/4 l Milch, 1 Prise Salz, 4 große reife Äpfel, Zitronensaft, Zucker und Zimt, Butter zum Anbraten.

Den Pfannkuchenteig zubereiten und 1 Stunde ruhen lassen. Die Äpfel schälen, vierteln, das Kernhaus entfernen und in dünne Scheiben schneiden. Mit Zitronensaft beträufeln. Nun können Sie die zerkleinerten Äpfel direkt in den Teig geben und herausbacken, das hat den Vorteil, dass die Pfannkuchen auf beiden Seiten angebraten werden können. Oder aber Sie geben zuerst den Teig in die Pfanne und legen darauf die Äpfel. Der fertige Apfelpfannkuchen kann noch mit Calvados beträufelt werden. Auf jeden Fall mit Zucker und Zimt bestreuen.

Speckpfannkuchen

200 g Mehl, 3 Eier, 1/4 l Milch, 100 g geräucherter Bauchspeck, Butter zum Anbraten.

Einen Pfannkuchenteig herstellen und 1 Stunde ruhen lassen. Bei diesem Teig so gut wie kein Salz verwenden, da der Speck genug Salz enthält. Die Speckscheiben in der Pfanne kurz anbraten, den Teig darübergießen und auf beiden Seiten goldgelb anbraten. Sie können den Speck auch in Streifen schneiden und unter den Teig mischen.

Flädle

150 g Mehl, 2–3 Eier, 1/4 l Milch, 1 Prise Salz, Butter zum Anbraten.

Das Mehl und das Salz in eine Schüssel geben, nach und nach die Milch und die Eier einrühren. Den Teig etwas flüssiger halten als den normalen Pfannkuchenteig. Unter Umständen noch etwas Milch oder Wasser zugeben. Sie können den Teig mit dem Schneebesen oder mit einem Elektroquirl anrühren.

Vor dem Braten sollte der Teig 1/2 Stunde ruhen.

In der Pfanne bei mittlerer Hitze etwas Butter zergehen lassen oder einfach die Pfanne mit einem Butterpinsel einfetten. Den Teig in die schräg gehaltene Pfanne gießen, so dass der Boden gerade bedeckt ist. Sobald der Teig auf der Unterseite leicht braune Flecken zeigt, das Flädle umdrehen und fertig braten.

Zum Abkühlen am besten auf einen umgedrehten Suppenteller legen. Danach rollen und in feine Streifen schneiden und fertig ist die Einlage für die Flädlesuppe.

Spätzle und Knöpfla

Vermutlich waren mittelalterliche italienische Mönche, die ein spezzato aus Teig herstellten, die Namensgeber der schwäbischen Nationalspeise. Denn spezzato, pezzo heißt im Italienischen Stück, spezzare in Stücke schneiden. Ein spezzato ist also nichts anderes als ein Gestückeltes, oder wie wir es heute kennen, Geschnetzeltes. Im Laufe der Jahrhunderte entstanden – geschliffen durch unseren Dialekt – daraus die Spätzle. Und sie sind sicher die Urahnen der späteren Nudelgenerationen. Somit wären also Spaghetti, Tortellini, Spirelli, Cannelloni, Makkaroni, bei uns auch als Tunnelspatzen bekannt, Enkel und Urenkel unserer Spätzle. Wer hätte das gedacht!

Eines ist sicher, die Spätzle waren und sind auf der Speisekarte der Schwaben nicht mehr wegzudenken. Eine Zeit lang schien es so, als würden die Fabrikspätzle die Hausgemachten verdrängen. Aber mancher Wirt hat hier die Rechnung ohne die Gäste gemacht. Heute ist es wieder eine Selbstverständlichkeit, in einem schwäbischen Gasthaus hausgemachte Spätzle serviert zu bekommen. Renommierte Lokale lassen es sich nicht nehmen, ihre Spätzle nach alter Väter Sitte mit der Hand vom Brett zu schaben. Der Erfindungsreichtum der Schwaben ist ja sprichwörtlich. So haben sich im Laufe der Zeit über 50 Rezepte angesammelt, vom Gaisburger Marsch, einer Stuttgarter Suppenspezialität, von der bereits die Rede war, bis hin zu den sauren Spätzle, denen eine geradezu wunderbare Wirkung zugeschrieben wird. So lesen wir im Lob der Schwabenspätzle von 1838 Folgendes:

> Die sauren Spätzle,
> die der Bauer
> mit Essig eingerührt genießt,
> sind eine Speise,
> die die Trauer
> dem Volk zur Fastenzeit versüßt.

Standardgerichte sind heute die allgemein beliebten Käs- und Krautspätzle, die gerne als Beilage zum Rostbraten serviert werden. Dabei ist es noch gar nicht so lange her, da galten die Spätzle als Armeleuteessen, denn wer es sich leisten konnte, kaufte Nudeln oder gar Reis als Beilage.

Lompaliadle

Mei Muader, des Luader,
macht d' Schpatza so kloi,
mei Vaddr, der Donder,
frißt se älle alloi.

Knöpfla

Wer einmal die Gelegenheit hat, in einem alten Kochbuch zu stöbern, wird erstaunt sein über die Vielfalt der Knöpflesrezepte, die früher in Württemberg aufgetischt wurden. Wobei die Knöpfla hauptsächlich den Hunger der einfachen Leute, also der Bauern, Handwerker, Soldaten usw. stillten. „Für die Herrschaften ist das nichts, höchstens gut genug für das Gesinde“, hieß es damals. Und so ist auch zu verstehen, dass die Nachfahren der Knöpfla, unsere so heiß geliebten Spätzle, so lange brauchten, um bei Regierungsessen hoffähig zu werden. Wie die Knöpfla entstanden sind, weiß niemand genau zu sagen. Sicher hat irgendwann irgendjemand einen mit Wasser und Mehl vermischten Teig ins kochende Wasser geworfen und somit die Knöpfla ins Leben gerufen. Erst viel später, im Mittelalter, als der Löffel in Mode kam, wurden die Knöpfla damit ausgestochen. Der Knepflenlöffel, wie er früher hieß, war ein fester Bestandteil jeder schwäbischen Küche, wie uns alte Inventarlisten beweisen.

Die Knöpfla unserer Zeit sind eng verwandt mit unseren Spätzle. Der Teig ist derselbe, nur wird er etwas flüssiger gehalten, damit man ihn leichter durch den Spatzenhobel schaben kann. Die erbsengroßen Knöpfla sind hauptsächlich in Oberschwaben zu Hause und auch unter der Bezeichnung Bollaspatza bekannt.

Aus dem Volksmund

Was gibt's heit?
Knöpfle, Kraut ond Floisch.
Wonderfitz, jetz woisch's!

A rechts Weib ond a Knöpfle
schtandad von alloi wieder auf.

Mit oglegter Oier
isch schlecht Knöpfle macha.

D' Knöpfle ond 's Glück
machad Baura dick.

D' Liab druckt's Herz,
d' Knöpfle da Maga.

Spätzle

Grundrezept für 4 Personen:

500 g Mehl, 4–5 Eier (je nach Größe), 1/8–1/4 l Wasser, 1 Prise Salz.

Die Zutaten miteinander vermengen und mit der Hand oder einem Kochlöffel den Teig schlagen, bis er Blasen wirft. Dann 15 Min. ruhen lassen. Den Teig durch den Spätzleshobel oder durch die Spätzlespresse (Spätzlesschwob) in das gesalzene, leicht kochende Wasser geben. Die Spätzle einmal aufkochen lassen, herausnehmen und in kaltes Wasser legen. Anschließend in ein Sieb gießen und gut abtropfen lassen.

***Tipp:** Könner der Materie schaben die Spätzle natürlich vom Brett.*

Kässpätzle

200 g Emmentaler, 1–2 Zwiebeln, 60 g Butter.

Spätzle zubereiten, siehe Grundrezept.

Die frischen Spätzle legt man schichtweise, immer eine Schicht Spätzle und eine Schicht geriebenen Emmentaler, in eine vorgewärmte Schüssel aufeinander. Zum Abschluss gibt man braun geröstete Zwiebeln darüber. Wer es besonders würzig liebt, legt statt Emmentaler einfach eine Schicht Romadur dazwischen.

Man kann die Schüssel (feuerfest) noch kurz in die Backröhre schieben, damit sich der Käse besser auflöst.

Leberspätzle

500 g Mehl, 500 g gehackte Leber (beim Metzger bestellen), 4 Eier, eine gute Handvoll fein gehackte Petersilie, Salz, Pfeffer, Muskat.

Die Zutaten zu einem Spätzlesteig verarbeiten und ca. 1 Stunde ruhen lassen. Weitere Verarbeitung wie bei normalen Spätzle, wobei man die Leberspätzle ein paar Minuten im Wasser ziehen lässt. Die Leberspätzle werden in einer Pfanne mit Butter angeröstet, darüber gibt man 2–3 verquirlte Eier.

Das Ganze wird mit Kartoffelsalat und, wer will, mit Soße serviert. Sehr gut schmecken Leberspätzle bzw. -knöpfla in einer Fleischbrühe, wobei reichlich geschnittener Schnittlauch nicht fehlen darf.

Spinatspätzle

400 g Mehl, 2–3 Eier, 1/8–1/4 l Wasser, 250 g frischen Spinat blanchieren, durch den Wolf drehen und mit Salz und Muskat würzen.

Die Zutaten zu einem festen Teig verarbeiten und mit dem Spatzenhobel in das kochende Wasser geben, weitere Verarbeitung wie bei normalen Spätzle.

Wer es eilig hat, nimmt Rahm-Spinat aus der Gefriertruhe. Die Spätzle erhalten dann allerdings nicht so eine satte grüne Farbe. Dazu reicht man eine würzige Hackfleischsoße.

Wirsingspätzle

1 Wirsingkopf, 1 Zwiebel, 60 g Butterschmalz, Salz und Pfeffer, 1–2 Kartoffeln (roh), 150 g Speck (Bauch).

Einen Wirsingkopf waschen und fein schneiden. In einem Topf werden Zwiebelwürfel in Butterschmalz angedünstet, dazu gibt man den Wirsing, würzt mit Pfeffer und Salz und gibt ein wenig Brühe dazu. Nach ca. einer 1/2 Stunde Dünstzeit bindet man ihn mit rohen geriebenen Kartoffeln oder einer Mehlschwitze ab. Der Wirsing kann nach dem Dünsten auch durch den Wolf gedreht werden. Den fertigen Wirsing mit den Spätzle vermischen und mit angerösteten Speckwürfeln abschmälzen.

Tipp: *Drehen Sie Gemüsereste einfach durch den Wolf und mengen Sie diese unter den Spätzlesteig.*

Krautspätzle

Sauerkraut nach Bedarf, 1–2 Zwiebeln, 60 g Butterschmalz. Spätzle zubereiten, siehe Grundrezept.

Sauerkraut und gewürfelte Zwiebeln werden zusammen im heißen Butterschmalz goldgelb geröstet und dann mit den ebenfalls angerösteten Spätzle vermischt und serviert.

Man kann natürlich auch gekochtes Kraut mit Spätzle vermischen, dann eben nur die Spätzle anrösten.

Knöpfla

400 g Mehl, 4 Eier, 1 EL Salz, 1/4 l Wasser (Spätzlesteig).

Die Zutaten gut vermengen, den Teig schlagen, bis er sich von der Schüssel löst und Blasen wirft. Der Teig sollte nicht zu fest sein, dann lässt er sich besser verarbeiten.

Nachdem der Teig etwas geruht hat, wird er mit dem Knöpflesschieber bzw. -hobel, ein dem Rettichhobel ähnliches Gerät, in das kochende Salzwasser gegeben. Sobald die Knöpfla an der Oberfläche schwimmen, herausnehmen und mit warmem Wasser abschwenken. In Butter oder Schmalz anrösten.

Gewöhnliche Butterknöpfla

125 g Butter, 1–2 Eier je nach Größe, Salz, Muskat, halb Semmel-, halb Weißmehl je nach Bedarf.

Die Butter schaumig rühren, das Ei und die Gewürze beimengen. Dann so viel Semmel- und Weißmehl darunterrühren, dass es einen nicht zu festen Teig gibt. Ca. 1/2 Stunde ruhen lassen, dann wird der Teig lockerer. Mit einem Löffel Knöpfla abstechen und im siedenden Salzwasser 5–10 Min. ziehen lassen.

Gewöhnliche Mehlknöpfla

500 g Mehl, 3 alte Wecken, 1 Zwiebel, 1/4 l Wasser, Salz.

Das Mehl mit Wasser und Salz zu einem festen Teig verarbeiten. Die fein gehackte Zwiebel und die angerösteten Weckenwürfel dem Teig beimengen. Mit einem Löffel oder einer Schöpfkelle große Knöpfla ausstechen und zugedeckt im siedenden Wasser ca. 25 Min. ziehen lassen. Vor dem Servieren die Knöpfla mit der Gabel in der Mitte aufreißen und mit angedämpften Zwiebeln abschmelzen.

Da früher im Winter kaum Eier vorrätig waren, wurden die Knöpfla wie oben genannt zubereitet. Meist wurde der Teig mit heißem Wasser angemacht. Noch besser werden Knöpfla, wenn Sie 3–4 Eier dazugeben oder einfach etwas Backpulver beimengen.

Markknöpfla

125 g Rindermark, 2 Eier, Semmelbrösel nach Bedarf, Salz und Muskat.

Das Rindermark in warmer Umgebung aufweichen lassen und gut verrühren. Nach und nach die Eier dazugeben, würzen und die nötige Menge Semmelbrösel unterrühren. Den Teig ruhen lassen. Einen Probekloß ins siedende Wasser legen. Bei Bedarf dem Teig noch Semmelbrösel beigeben. Den restlichen Teig löffelweise ins siedende Salzwasser geben und ca. 10–15 Min. ziehen lassen.

Von Knödeln und Krapfen

Der Knödel zählt zum Urgestein aller kulinarischen Leckerbissen aus Süddeutschland. Sein Name stammt übrigens aus dem althochdeutschen chnodo oder knoto und wandelte sich im Mittelhochdeutschen zu knote, was andeutet, dass der Knoten Pate stand.

Der Knoten wird in alten süddeutschen Kochbüchern dann zum Knötlein, Knötchen oder Knötelein. Nachdem ihn die Mundart jahrhundertelang kräftig durchgeknetet hatte, landete der Wonneproppen schließlich als Knödel in all seinen Spielarten auf unseren Tellern.

Die ersten Knödel waren sicherlich aus Fleisch geformt. In Ermangelung von erforderlichen Essbestecken und teilweise schlechten Beißwerkzeugen wurde Fleisch zerkleinert, zu Kugeln geformt, gesotten oder in Fett gebacken.

Als nach dem Dreißigjährigen Krieg Fleisch zunehmend zur Luxusspeise wurde, streckte man aus der Not heraus den Knödel immer mehr mit Brot und anderen Zutaten und es entwickelte sich eine Vielzahl von Knödelrezepten. Angefangen von Leber-, Schinken-, Speck- und Griebenknödeln, Hühner-, Hirn-, Wild- und Hasenknödeln. Aber auch Fische und Krebse wurden genudelt und gekugelt.

Ob groß oder klein, lang wie Würste oder flach zusammengedrückt, sind Knödel überall zu Hause. So heißen sie in England ball, in Frankreich quenelles, in Schweden Boller, in Italien ghenedeli oder gnocchi. In Tschechien kommen sie als knedlicky und in Ungarn als Galusckas auf den Tisch. Die in Fett gebackenen Knödel kennen wir heute hauptsächlich als Kroketten. Sie werden meist aus Kartoffeln gefertigt. Nur Trauerklöße haben keine Zukunft und weiterhin Tischverbot.

Vater unser, der du bischt,
und Knödel auf am Tisch
und an Braten in dr Pfann – Amen.

Tipp:

- *Die Knödelmasse sollte weder zu fest noch zu weich sein. Ein Knödel muss luftig sein, damit er möglichst viel Soße aufsaugt.*
- *Zum Formen der Knödel die Hände bzw. die Löffel zuvor ins kalte Wasser tauchen.*
- *Die geformten Knödel müssen außen ganz glatt sein und dürfen keine Risse haben, da sonst das Wasser eindringt.*
- *Knödel sollten möglichst frisch, also kurz vor dem Essen, zubereitet werden.*
- *Knödel am besten im Dampf warm halten.*
- *Letzte Meldung aus der Knödelküche: Käsereste reiben und unter die Weckknödel mengen. Zuletzt gegessen in Kaltern. Ein echtes Schmankerl, würden die Bayern sagen.*

> D' Maria macht heit Knödel,
> dia hot de greschte Händ,
> heit kommt dr Pfarrer zom Essa.

Der Knödel als leicht fassbarer Mundbissen kam seit Urzeiten auf den Tisch. Um ihn vor dem Auflösen im Kochwasser zu bewahren, verpackten unsere Altvorderen die Kredenzien in ein Tuch, Sack, Stoffbeutel oder wie wir wissen, in eine Serviette. So hieß er in alten Zeiten einfach Tuch- oder Sackkloß. Wir nennen die fein säuberlich in eine Serviette verpackte Brotfüllung Serviettenknödel.

Aus der trüben Knödelbrühe bereiteten die Hausfrauen eine mit Zwiebel abgeschmelzte Suppe, kurz Schleiferbrüh genannt. Die restlichen Knödel schnitten sie in Scheiben, brieten sie in Schmalz goldgelb an, verfeinerten sie mit aufgeschlagenen Eiern – und fertig waren die Scherrknödel.

Im „Schwäbischen Wörterbuch“ von Fischer lesen wir über Krapfen: „Speise aus Mehl. Mach denn krum Krapfen mit Rosysen und tu die Krepflen mit mir tailen. Die ‚Krappffen‘ sind Nudelflecken, gefüllt mit gehacktem Fleisch, Kraut, Schnittlauch oder Zwiebeln. Grüne Krapfen sind Nudelflecken mit grüner Füllung, Spinat oder Kräutern in der Brühe. Vorläufer unserer Maultaschen. Kräpflein gefüllt mit Äpfeln, Hutzeln, Zwetschgenmus oder Rosinen waren beliebte Süßspeisen."

„Krapfen raus! Krapfen raus!", rufen die Kinder mancherorts noch heute an drei Tagen in der Adventszeit und betteln so um die begehrten süßen Kräpflein.

In Ulm nannte man sie Krapfes, ein Gebäck aus halb weißem und halb dunklem Brotteig. Es gab auch deftige Krapfen, ein mit Safran gefärbtes Käsegebäck, das gerne an der Kirchweih gebacken wurde.

Aber „Krapf" hatte auch andere Bedeutungen. So wurden ein wunderlicher Mensch oder ein kleiner, unansehnlicher Mensch mit einem Buckel gerne als Krapf verspottet.

Die Neu-Ulmer wurden früher mit dem Spitznamen Krapfa versehen, besonders als der Ort unter Napoleon den Ulmern im Jahre 1810 weggenommen und nun dem Todfeind, den Bayern, zugeschlagen wurde.

Wenn beim Bäcker ein Backwerk unförmig den Ofen verließ, wurde er als Krapfabeck beschimpft.

Ein abendlicher Festschmaus waren an Neujahr frisch gebackene Krapfen. Die Wirte sorgten mit der Krapfenzeche für guten Umsatz. Die fetten Krapfen, wie wir sie kennen, in einem Topf mit Schweineschmalz herausgebacken, waren eine beliebte Fastenspeise. Die Domäne des Krapfen ist jedoch die Fastnachtszeit. 1540 verfasste Hans Sachs folgenden Vers (Auszug):

Ich hab zur Fastnacht euch geladen,
dass ihr euch Krapfen holt und Fladen.

Serviettenknödel

8 alte Wecken, ca. 1/4 l Milch, bei ganz altbackenen Wecken auch mehr, Salz und Muskat, 3–4 Eier, 1 Zwiebel, Peterling, 1 EL Butter, Mehl nach Bedarf, Küchentuch, Wasser.

Die Wecken klein schneiden, mit lauwarmer Milch übergießen und 20 Min. quellen lassen. Fein gehackte Zwiebel und Peterling in Butter glasig dünsten. Die Wecken eventuell noch etwas ausdrücken, würzen und mit allen Zutaten locker vermengen. Nochmals ein paar Minuten ziehen lassen. Die Masse auf dem bemehlten Tisch zu einer ca. 15 cm langen Rolle formen.

Das Geschirrtuch bzw. Stoffserviette heiß auswaschen, damit ja keine Waschmittelreste übrig bleiben. Das Tuch können Sie noch mit Butter einreiben. Die Rolle locker in das Tuch wickeln und an den Enden festbinden. Die Knödelmasse geht beim Kochen noch auf, daher am Tuchende etwas Luft lassen.

Sie können nun die Knödelrolle direkt ins kochende Wasser legen und ca. 30 Min. lang im köchelnden Wasser garen lassen. Nach Fertigstellung kurz mit kaltem Wasser abschrecken. Auspacken, in Scheiben schneiden und auf einer heißen Platte servieren.

Tipp:

- *Um zu prüfen, wie weit die Knödel gegart sind, einfach einen Holzspieß in den Knödel stecken. Hat er noch Teig am Stecken, muss er noch im Wasser bleiben.*
- *Über den Topf einen Kochlöffel legen und die Knödelrolle daran aufhängen.*
- *Wer die Knödelmasse etwas luftiger liebt, menge einfach Eischnee unter die Masse.*

Ulmer Weckknödel

6–8 altbackene Wecken, ca. 1/4 l lauwarme Milch, 2–3 Eier, Salz und Muskat, 150 g Rauchfleisch (Bauch), 1 Zwiebel, Peterling, nach Bedarf 1–2 EL Mehl oder Weckmehl, Wasser.

Die alten Wecken in Würfel schneiden, mit der Milch einweichen und ca. 20 Min. ziehen lassen. Die Speckwürfel, die fein gehackte Zwiebel und den Peterling in Butter andünsten, mit den Eiern und den Gewürzen zu der Knödelmasse geben und locker vermengen. Wenn die Masse zu feucht ist, etwas Mehl oder Weckmehl untermengen. Einen kleinen Probeknödel testen.

Wenn der Wonneproppen dann die richtige Konsistenz hat, die Knödel mit nassen Händen formen, ins sprudelnde Wasser legen und ca. 15 Min. leise köcheln lassen.

Schmeckt gut zu Braten, Wild und Pilzen.

Tipp:

- *Der normale Weckknödel wird ohne Speck zubereitet.*
- *Würzen können Sie ganz nach Belieben noch mit Majoran, Pfeffer und gehackten Kräutern.*
- *Die Knödelmasse nur locker anmachen. Nie kneten, sonst gibt es Gummibälle.*
- *Beim Essen nur mit der Gabel trennen, nie mit dem Messer schneiden. Gilt bei den Knödelfans als Todsünde.*
- *Knödelbrot gibt es teilweise fertig beim Bäcker zu kaufen.*
- *Vor dem Servieren mit angerösteten Semmelbröseln bestreuen.*
- *Zu Weihnachten Weckknödel aus 2/3 Wecken und 1/3 Hutzelbrot herstellen. Schmeckt gut zu Enten- und Gänsebraten mit Blaukraut.*

Hefeknödel

500 g Mehl, 30 g Hefe, 1/4 l Milch, 1 Ei, 50 g Butter, Salz nach Bedarf, 1/2 TL Zucker, Wasser.

Das Mehl in eine Schüssel sieben, in die Mitte eine kleine Mulde drücken und die Hefe hineinbröseln. Die Butter in der lauwarmen Milch zergehen lassen und das Ei darin verkleppern. Nun alles in die Mulde gießen, Zucker zugeben und einen Vorteig zubereiten. Die Zutaten alle zusammen gut durchkneten, bis der Teig eine schöne glatte Oberfläche bekommt und sich von der Schüssel löst.

Eine Kugel formen und zugedeckt ca. 25 Min. gehen lassen, bis der Teig sich verdoppelt hat. Wir formen dann eine ca. 5 cm dicke Teigrolle und teilen diese in ein Dutzend ca. 30–40 g schwere Stücke. Mit bemehlten Händen formen Sie den Teig in Kugeln und setzen diese auf den bemehlten Tisch, decken alles mit einem Tuch ab und lassen sie nochmals einige Minuten gehen, bis sich das Volumen fast verdoppelt hat.

In einem flachen, größeren Topf Wasser zum Kochen bringen, die Hefeknödel einlegen und sie ca. 12 Min. auf jeder Seite leise köcheln lassen.

Sie schmecken wunderbar zu sauren Bohnen, saurer Leber, Sauerbraten und zu Braten mit viel Soße. Aber auch als Süßspeise, zusammen mit Kompott, bestreut mit Zucker und Zimt, sind sie beliebt.

Tipp:

- *Sehr geschätzt ist auch der Hefeknopf. Hier wird der Teig nicht aufgeteilt, sondern als ganze Teigkugel ins sprudelnde Wasser gesetzt. Einen flachen Topf mit 1/3 Wasser füllen. 30 Min. leicht köcheln lassen.*
- *Wichtig: Den Topf zudecken und während der Garzeit nicht öffnen.*
- *Eine andere Garmethode ist: Über den Topf ein Mulltuch spannen, das durchhängt, und den Hefeknopf zugedeckt ca. 1/2–3/4 Stunde im Dampf garen.*
- *Das Aufteilen der Hefeknöpfe war für meine Großmutter eine heilige Handlung. Sie trennte nämlich äußerst vorsichtig den Knopf mit einem starken Faden in Scheiben, damit er ja nicht zusammenfiel, und legte gleich jedem eine Scheibe auf den Teller.*
- *Die Knopfscheiben werden auch gerne mit heißer Butter übergossen, mit Zucker und Zimt bestreut und sind ein Leckerbissen für alle Kinder.*
- *Die restlichen Scheiben dieses Kunstwerkes wurden am anderen Tag in Butter angebraten, mit Ei übergossen und mit grünem Salat serviert. „Denn jedes Reschtle fendet en dem Maga no a Plätzle."*

Im Reigen der Knödelfamilie ist der Kartoffelknödel ein relativ junges Mitglied, wird er doch erstmals um 1800 in Kochbüchern erwähnt. Nach ernsthaften Schwierigkeiten beim Überqueren der Rhein-Main-Linie eroberten die Nordlichter aber nur recht langsam die schwäbische Küche. So richtig heimisch wurden Kartoffelknödel erst nach dem Ersten Weltkrieg bei uns.

Brezelknödel

8 alte Brezeln vom Vortag, 1/4 l Milch, 1/4 l lauwarmes Wasser, 2 Eier, 1 Zwiebel und Peterling, 1 EL Butter, Salz und Pfeffer, nach Bedarf 1–2 EL Paniermehl, Wasser.

Die Brezeln klein schneiden. In eine Schüssel geben, mit lauwarmer Milch und Wasser übergießen. Mit einem Teller beschweren, ca. 20 Min. ziehen lassen. Eventuelle Feuchtigkeit etwas ausdrücken. Die fein gehackte Zwiebel und Peterling in Butter kurz andünsten. Mit den Gewürzen, Eiern und dem Paniermehl nach Bedarf vermengen. Mit nassen Händen Knödel formen, ins strudelnde Wasser legen und ca. 20 Min. köcheln lassen.

Tipp:

- *Wer will, kann der Knödelmasse ca. 200 g Kalbsbrät und ganz nach Gusto etwas Majoran beimengen.*
- *Wer ganz sichergehen will, kann die Brezelmasse auch zu Rollen formen, im Küchentuch einschlagen, an beiden Enden zubinden und im Salzwasser 25 Min. garen lassen.*

Wem nicht schmecken will das Weißenbrot,
mach' es besser – und vergelt's ihm Gott.

(um 1230, Freidank)

Spinatknödel

500 g Knödelbrot, Spinat nach Bedarf, 3 Eier, Mehl nach Bedarf, 1–2 geriebene Zwiebeln, 1 Knoblauchzehe gerieben, Pfeffer, Salz, Muskat, Goudakäse nach Bedarf.

Die Knödelmasse einweichen (lauwarmes Milch- und Wassergemisch), würzen, Spinat blanchieren und fein schneiden, (schneller geht's mit Gefrierspinat), in die Masse geben und mit den Eiern vermengen.
Jeweils einen Käsewürfel in die Knödelmitte drücken.
Die Knödel in leicht köchelndem gesalzenen Wasser ca. 20 Min. garen lassen. Vor dem Servieren mit brauner Butter abschmelzen. Mit Parmesankäse bestreuen.

Grüne Krapfen

Einen Nudelteig herstellen.

Zwiebelröhrle, 2 Zwiebeln und sonstiges Grünzeug sowie frischen Spinat eventuell mit einem Teil Brennnesseln vermischen. Das Grünzeug fein schneiden, mit den Zwiebeln und Speckwürfeln anbraten und mit Salz und Pfeffer würzen.
Den Nudelteig auswellen und mit der Füllung bestreichen. Rollen wie bei einer Biskuittrolle und daumendicke Scheiben abschneiden.
Die Scheiben werden aufrecht in eine gefettete Kasserolle oder Pfanne gestellt und ca. halbhoch mit Wasser, Kraftbrühe oder einer ungebundenen braunen Soße aufgefüllt. Aufkochen lassen, zudecken und bei mäßiger Hitze 1/2 Stunde schmoren, bis sich eine schöne Kruste gebildet hat.
Dazu gibt es bei uns Kartoffelsalat.

Krautkrapfen mit Hefeteig

Hefeteig: l kg Mehl, 1/4 l Milch, 100 g Fett, 3 Eier, 1 Würfel Hefe, Salz. Ergibt ca. 12 Krapfen, die auf ein Blech passen.
Füllung: 1/2 kg Braten vom Schweinehals, 2 Dosen Sauerkraut à 500 g, Rauchfleisch vom Bauch, 3 große Zwiebeln – goldbraun gebraten, 1 rohe Zwiebel, Zitronensaft, Salz, Pfeffer, Maggi.

Am Vortag Braten herstellen – oder Rest – Kraut und Rauchfleisch etwa 1 Stunde kochen, abkühlen lassen.
Hefeteig herstellen, gehen lassen, 12 Portionen wie Weckle formen, mit Tuch abdecken – nochmals gehen lassen.
***Füllung herstellen:** Saft vom Kraut ausdrücken und in eine große Schüssel geben. Fleisch in Würfel schneiden, braun gedämpfte Zwiebeln dazugeben, würzen und vermischen. Teig auseinanderziehen, Füllung darauf geben und gut schließen. Auf ein Blech setzen. Reichlich mit Schweineschmalz einfetten, gibt eine schöne Kruste.*
Backofen Mitte, nur 1 Blech, 1/4 Stunde bei 250 Grad Unterhitze, dann bodendeckend mit Fleischbrühe, etwa 1/4 l, aufgießen, 1/2 Stunde bei 180–200 Grad Unter- und Oberhitze.
Im tiefen Teller servieren. Mit Löffel, Messer und Gabel essen. Reichlich gute Fleischbrühe dazugeben.

Krautkrapfen mit Nudelteig

***Nudelteig:** 500 g Mehl, 4 Eier, etwas Wasser.*

Nudelteig kneten, dann ruhen lassen, während der Ruhezeit die Füllung herstellen aus: 1 1/2 kg Sauerkraut gekocht und ausgedrückt, 50 g Butter in der Pfanne erwärmen, 1 gewürfelte Zwiebel, 100 g geräuchten gewürfelten Schweinebauch anbraten und alles mischen.
Mit der Nudelmaschine Teigfladen herstellen, Füllung darauf verteilen, aufrollen und in ca. 6 cm dicke Stücke schneiden. Bratpfanne erhitzen, 50 g Butter und eine Tasse Gemüsebrühe aufkochen, halbierte Krautrollen mit der Schnittseite nach unten in die Flüssigkeit setzen, Deckel auf die Pfanne, bei mittlerer Hitze dämpfen, nach 20–30 Min. ist die Flüssigkeit verdampft, dann bildet sich eine braune Kruste und die Krautkrapfen werden serviert mit Gemüse- oder Fleischbrühe.

Schmalzgebäck

Die meistverspeisten Küchle überhaupt dürften wohl die Fasnets- und Apfelküchle sein. Sie gehören zu den typischen Mehlspeisen Süddeutschlands. Apfelküchle wurden früher bei besonderen Anlässen als Festspeise gebacken. Heute reicht man sie zum Nachtisch oder zum Kaffee. Ihrer Beliebtheit tut das allerdings keinen Abbruch. Auf der Schwäbischen Alb waren sie besonders beliebt, wie ein alter Tanzvers zeigt:

Honderttausend Apfelküchla,
geit a ganza Schüssel voll,
ond a recht schees Bauramädle,
geit an ganza Ara (Arm) voll.

Ja, die Fasnet ohne ihre Küchla ist einfach undenkbar. Ich selbst entsinne mich noch genau, wie meine Schwester und ich zum Fasnetsbetteln zogen und unsere Sprüchlein vorsagten. Es war ein alter Brauch, dass man den verkleideten Kindern, die von Hof zu Hof zogen, eine kleine Gabe überreichte – noch heute wird diese Tradition auf dem Lande gepflegt. Meistens gab es natürlich Fasnetsküchla und andere Süßigkeiten als Lohn fürs Versevortragen.

Folgende Fasnetsversle wurden von uns Kindern aufgesagt:

J ben a alter Schweizer,
ond bitte om an Kreizer.

oder

J ben a alter Boier,
ond bitte om an Zwoier.

Meine Schwester zwitscherte immer:

J ben Prinzessin Mai,
ond bitte om a Oi.

Und reich beschenkt kehrten wir immer nach Hause zurück! Auch im kleinsten Haus wurden Fasnetsküchle gebacken. Da ging es oft so eng zu, dass die Küche im Flur Platz finden musste – getreu dem Ausspruch: Wenn dia Küchle bachat, guckt der Pfannastiel zur Haustür naus. Und wer kein Schmalz zum Backen hatte, der fragte einfach beim Nachbarn an. Das hieß dann so: Wenn i meine Küchle en deim Fett bacha derf, kasch du drfir dein Speck em mein Kraut mitkocha. Mir selbst sind als Fasnetsküchla die sogenannten Ausgezogene oder Fensterküchle bekannt. Nach alter Väter Sitte wurden die ausgezogenen Küchle früher übrigens übers Knie gezogen. In einem alten Buch fand ich den Hinweis, man möge sich dazu ein Tuch übers Knie legen. Denn mit der Hygiene war das wohl früher so eine Sache für sich, wie folgende Geschichte verdeutlicht:

Als der Sohn seiner Mutter die Angebetete vorstellte, prüfte sie sofort die Knie der Hübschen, denn Frauen mit spitzen Knien galten früher als Hexen. Nachdem sie nun die Knie der Zukünftigen gesehen hatte, schlug sie die Hände überm Kopf zusammen und rief aus: A Hex bisch koena, aber a Jessaswutz.

Nach altem Brauch wurden die Küchla nur in ungerader Anzahl gebacken. Dem Fasnetsküchlesschmalz schrieb man alle möglichen guten Eigenschaften zu, so sei es etwa heilkräftigend und gut für Sympathie-Zauber aller Art. Bänder und Schnüre, die damit eingeschmiert wurden, sollten nicht reißen. Und weil Schmalz in früheren Zeiten sehr kostbar war, wurden die Küchle nach dem Backen immer auf alte Brotschnitten zum Abtropfen gelegt. Davon wurde wiederum eine nahrhafte Brotsuppe gekocht.

Mei Muadr bacht Küchla,
send alle schee brau,
se schperrt se ens Käschtle
ond will mer's ed lau.
Se geit mer an Brogga,
dua d' Henna reilogga.
Liebs Heahle, bi, bi, bi,
den Brogga aber, den freß i.

Luschdig isch dui Fasenacht,
wenn mei Muader Küchla bacht,
wenn se aber koene bacht,
no pfeif' e auf dui Fasenacht.

Ausgezogene oder Fensterküchle

500 g Mehl, 1 Prise Salz, 40 g Hefe, 80 g Zucker, 60 g Butter, wer will, kann die Butter durch die gleiche Menge süße Sahne ersetzen, 1/8–1/4 l lauwarme Milch, 2 Eier.

In einer Mulde des Mehls den sogenannten Vorteig anrühren. Dazu wird die Milch mit etwas Mehl, Zucker und der Hefe angerührt. Danach ca. 30 Min. gehen lassen. Anschließend mit dem restlichen Mehl und Zucker, der weichen Butter und dem Salz gut vermengen und den Teig so lange schlagen, bis er Blasen wirft. Danach ca. 1 Stunde mit dem Tuch zugedeckt gehen lassen.

Nun sticht man mit einem Esslöffel Teigstücke in der Größe eines Hühnereis aus, setzt sie auf ein gemehltes Brett und lässt sie nochmals ca. 20 Min. gehen. Die Teigstücke werden anschließend unter ständigem Drehen von der Mitte nach außen gezogen, dass sich außen eine Wulst formt, innen muss sich ein papierdünner Kreis bilden. Früher wurden die Küchle einfach übers Knie gezogen. Die so geformten Küchle in heißem Fett herausbacken, bis sie außen braun und in der Mitte goldgelb sind. Sie werden noch heiß mit Zucker und Zimt bestreut.

Apfelküchle

200 g Mehl, 3 Eier, je nach Eigröße 1/8 l Milch, 1 Prise Salz, 4–5 mittelgroße Äpfel, 1–2 EL Zucker, 1 Zitrone.

Die Äpfel schälen, mit einem speziellen Ausstecher entkernen und in acht mm dicke Scheiben schneiden. Mit Zitronensaft beträufeln.

Aus dem Mehl, Eiern, Milch, Salz und 1 EL Zucker einen etwas festeren Pfannkuchenteig anrühren. Die Apfelscheiben kurz eintauchen und im schwimmenden Fett ausbacken. Heiß mit Zucker und Zimt bestreuen.

Geriebene Apfelküchle

3–4 mittelgroße Äpfel, hier lassen sich auch gut beschädigte Äpfel verwenden, 100 g Mehl, 1 Ei, etwas Milch und Zucker, 1 Prise Salz.

Einen festen Pfannkuchenteig herstellen. Die geriebenen Äpfel, die mit Rosinen vermischt werden können, mit dem Teig mischen. In einer

Pfanne Fett gut erhitzen und löffelgroße Häufchen einsetzen, die etwas auseinanderfließen. Auf beiden Seiten goldgelb anbraten und mit Zucker und Zimt bestreuen.

Bollaküchle

250 g Mehl, 3 Eier, 1/4 l Milch, 1 Prise Salz.

Die Zutaten zu einem festen Pfannkuchenteig anrühren. Mit einem Esslöffel den Teig in das nicht zu heiße Fett geben und auf beiden Seiten knusprig backen. Eine einfache Süßspeise, zu der man Apfelmus reicht.

Versoffene Jungfern

150 g Mehl, 150 g Zucker, 3 Eier, 3 EL heißes Wasser, 2 TL Backpulver, 1/2 Päckchen Vanillezucker.

Zucker und Eier schaumig rühren, dann abwechselnd Mehl und Wasser sowie die anderen Zutaten zugeben und schnell verrühren. Mit einem Kaffeelöffel kleine Knödel ausstechen und im schwimmenden Fett herausbacken. Die fertigen Stücke mit aufgekochtem Most oder Wein übergießen und mit Zucker und Zimt bestreuen.

Nonnenfürzla

125 g Mehl, 50 g Butter, 1/4 l Milch, eine Prise Salz, 3 Eier, 1 EL Zucker, 1/4 TL Backpulver (Brandteig).

Die Milch mit dem Salz und der Butter aufkochen. Das Mehl schnell einrühren und so lange rühren, bis der Teig sich vom Topf löst. Den Topf vom Herd nehmen. Nun rührt man einzeln die Eier unter den Teig und gibt zum Schluss den Zucker und das Backpulver dazu. Mit dem Kaffeelöffel kleine Knödel formen und im Fett goldgelb backen.

Holderküchle

Die Holunderblüte gut waschen und in einen festen Pfannkuchen- bzw. Bierteig tauchen. Gut abtropfen lassen und in einer Pfanne mit Fett goldgelb herausbacken. Der Stiel ist nur zum Halten da. Man isst die Küchle mit Zucker und Zimt. Wer reichlich davon isst, bekommt das ganze Jahr kein Fieber, berichtet eine alte Überlieferung.

Ebbes Süßes für de Kloine

Rhabarberkompott

500 g Rhabarber – 's derf au a bissle meh sei,
ca. 1/2–3/4 l Wasser, Zucker nach Bedarf.

Den Rhabarberstangen die Haut abziehen und sie in 2–3 cm lange Stücke schneiden. Mit Zucker und Wasser aufsetzen, aufkochen und ca. 5–10 Min. ziehen lassen.

Das Beste für uns Kinder war immer der Rhabarbersaft. Also – mit reichlich Wasser kochen. Beliebt war bei uns auch, die geschälten Stangen in Zucker zu stecken und roh zu essen.

Kartoffelwürschtle

500 g Mehl, 30 g Hefe, 100 g Schweineschmalz, 2 Eier,
1/4 l Milch, 250 g Kartoffeln, Salz, Ausbackfett.

Die gekochten heißen Kartoffeln werden durch die Kartoffelpresse gedrückt, anschließend abkühlen lassen. Danach wird die in warmer Milch aufgelöste Hefe mit allen anderen Zutaten vermengt. Den Teig 1 Stunde ruhen lassen. Die Teigrollen nun 2–3 cm dick ausrollen und auf 10 cm zuschneiden. Im Fett schwimmend goldbraun herausbacken.

Grießschnitten

125 g Grieß, 3/4 l Milch, 70 g Butter, 40 g Zucker,
3 Eigelb, 1/2 geriebene Zitrone, Salz.
Zum Panieren: 2 Eier, 1 Tasse Semmelbrösel. Butter zum Ausbacken.

In der kochenden Milch lässt man Salz und Zucker zergehen. Nun rührt man nach und nach den Grieß ein und gibt Butter und die geriebene Zitronenschale zu. Den Grieß ca. 10 Min quellen lassen. Nach dem Abkühlen rührt man drei Eigelb unter und stürzt die Masse auf ein angefeuchtetes Brett. Ist die Masse erkaltet, werden Vierecke in beliebiger

Größe (meist 6–8 cm) zugeschnitten, mit Ei und Semmelbrösel paniert und in der gebutterten Pfanne beidseitig goldgelb gebacken. Noch heiß werden die Grießschnitten im Zimt-Zucker-Gemisch gewendet und sofort mit Kompott serviert.

Apfelschnitz

8–10 Äpfel, 1/2–3/4 l Wasser, Saft einer Zitrone,
Zucker nach Bedarf, 1 Zimtstange.

Die Äpfel schälen, das Kerngehäuse entfernen und Schnitze schneiden. Mit Wasser nicht sparen. Gewürze zugeben, aufkochen und 8–10 Min. ziehen lassen. Hier eignen sich leicht beschädigte Äpfel als Resteverwerter.

Sauermilch mit Breschtling (Erdbeeren)

Sauermilch in Suppenteller geben, die halbierten Erdbeeren verteilen und gut zuckern. Dazu gab es bei uns immer den restlichen Hefezopf vom Wochenende.

Apfelquark

Eine beliebte und schnell zubereitete Süßspeise, die im Sommer bei Kindern sehr beliebt ist.
Man nehme sechs Äpfel, reibe sie mit der Schale auf dem Rettichhobel und gebe sie in den mit Milch verdünnten Quark – Menge nach Bedarf. Alles gut verrühren, zuckern (Honig) und mit Butterbrot servieren.

Bratapfel

4–6 große Boskop-Äpfel, 4 EL Johannisbeergelee,
etwas Wasser, 4 TL Butter, 4 TL Zucker, 1 TL Zimt.

Aus den ungeschälten Äpfeln das Kernhaus entfernen, Johannisbeergelee in die Äpfel füllen. Etwas Wasser in eine gebutterte Auflaufform gießen, die Äpfel hineinstellen und im vorgeheizten Backofen braten. Wenn sie nach ca. 20 Min. gar sind, herausnehmen, auf jeden Apfel ein Stückchen Butter setzen, mit Zucker und Zimt bestreuen und heiß servieren.

Grießauflauf

1/2 l Milch, 140 g Grieß, 80 g Butter, 50 g Zucker, 4–6 Eigelb, 6–8 Eiweiß, Salz, Vanilleschote.

Milch, Butter, Salz und Vanilleschote zum Kochen bringen. Unter stetem Rühren den Grieß zugeben und auf dem Herdrand zugedeckt nachquellen lassen.

In die noch heiße Masse die mit der Hälfte Zucker verrührten Eigelbe mischen, während der feste, mit dem restlichen Zucker geschlagene Schnee in die vollständig erkaltete Masse untergehoben wird. In die gefettete Auflaufform dreiviertel hoch einfüllen und bei anfangs starker, später abfallender Hitze gut ausbacken.

Reisauflauf

1/2 l Milch, 150 g Reis, 60 g Butter, 100 g Zucker, 4–5 Eigelb, 4–5 Eiweiß, 30 g Semmelbrösel, Salz, Vanilleschote, Zitronenschale.

Den Reis in kalter Milch, Butter, Salz, Vanilleschote und einem Stück fein geschälter Zitronenschale (das Weiße macht bitter) vorsichtig weich kochen. Vanilleschote und Zitronenschale entfernen und in die nur kurz ausgekühlte Masse die mit der Hälfte Zucker verrührten Eigelbe mischen. Nach dem Erkalten wird der feste Eischnee, in welchen die zweite Hälfte Zucker eingeschlagen wurde, daruntergezogen. Brösel daruntermischen und in eine gefettete Auflaufform dreiviertel hoch einfüllen. Den Auflauf anfangs bei guter Hitze, später bei mäßiger Hitze backen. Dazu gab es bei uns Apfelmus bzw. Zucker und Zimt.

Hutzla, Zwetschga, Schnitz

Um Trockenobst herzustellen, wurden bei uns im Herbst Äpfel entkernt, geschält und in Scheiben geschnitten. Diese hingen dann wochenlang an einer Schnur aufgereiht wie eine große Perlenkette zum Trocknen auf der Bühne.

Zwetschgen und Birnen wurden im Backhäusle nach dem Backen auf einem Blech getrocknet und später in einem Stoffsäckle ebenfalls auf der Bühne aufgehängt.

Das getrocknete Obst schmeckte wunderbar als Kompott, das mit Zucker und Zimt oder mit Zitronenschale noch verfeinert wurde.
Um Kompott herzustellen, wurde das Dörrobst am Abend zuvor eingeweicht und am nächsten Morgen mit reichlich Wasser, Zucker und Zimtstange langsam gedünstet.
Die Hutzeln – also das Trockenobst – waren bei unseren Altvorderen eine wichtige Zutat, um z.B. an Weihnachten das noch heute beliebte Hutzelbrot zu backen. Zu Mus verarbeitet dienten sie als Auflage zum Hutzelblatz.

Grießbrei

Grieß nach Bedarf, Zucker, Milch, Butter.

Milch, Butter, Zucker und nach Belieben etwas abgeriebene Zitronenschale lässt man zusammen aufkochen, streut Weizen- oder Maisgrieß langsam unter Rühren ein und lässt den Brei etwas köcheln.
Wer den Brei verfeinern möchte, gebe am Schluss ein Eigelb und Sahne dazu. Nicht mehr kochen lassen! Zum Grießbrei schmeckt am besten Zucker und Zimt.

Quarknudeln

1/2 kg Quark, 1 Ei, Salz und so viel Mehl dazugeben, wie der Quark aufnimmt. Die Masse darf nicht zu fest sein. Dann fingerdicke Nudeln rollen und diese auf allen Seiten im Fett ausbacken.

Apfeleierhaber

80 g Mehl, 3 Eier, 1/8 l Milch, 1 EL Rosinen, 1 EL Zucker, Butter, 2 mittelgroße Äpfel, Salz.

Aus Mehl, Milch, Eiern, Zucker und Salz einen Teig herstellen. Äpfel schälen, entkernen und in dünne Schnitze schneiden. Die Apfelschnitze in Butter anschwitzen, den Teig darübergießen, etwas braten lassen, danach die Rosinen darüberstreuen. Den Apfelpfannkuchen auf beiden Seiten hellbraun backen und zerkleinern (mit der Backschaufel zerreißen). Zum Schluss nochmals ein nussgroßes Stück Butter sowie etwas Zucker dazugeben. Vor dem Servieren mit Puderzucker bestreuen.

Aus Großmutters Hausapotheke

Bis in die Nachkriegszeit hinein zogen ganze Familien im Frühjahr hinaus in Feld und Flur, um sich mit Wildkräutern einzudecken. Der Löwenzahnsalat durfte danach auf keinem Mittagstisch fehlen. Im Herbst ging es in die Beeren, und mit kleinen Milchkannen bewaffnet sammelten wir wilde Erd- und Himbeeren. Auch Hagebutten wurden gerne gesammelt, trotz ihrer Juckreiz auslösenden Härchen beim Öffnen der Frucht. Der Kernlestee summte bei uns den ganzen Winter auf dem Herd.

Heute kaufen wir all diese Speisen im Supermarkt. Sie locken mit kräftigen Farben, doch wo ist der Geschmack geblieben? Unsere Gaumen führen mitunter ein trauriges Dasein. Doch die Devise „Hauptsache viel und dazu noch billig“ ist manchem Feinschmecker zu wenig. Im Frühjahr und Herbst schwärmen wir also wieder aus, um wie früher Holunderbeeren, Hagebutten, Beeren und Heilkräuter zu sammeln.

Die alte Weisheit: Mutter Natur hat für jedes Leiden ein Kraut wachsen lassen, kannte schon meine Großmutter. Unser nun folgender Ausflug in die Welt der Kräuter, Beeren und Wurzeln kann natürlich nur einen begrenzten Einblick gewähren. Aber vielleicht animiert es den einen oder anderen, die heilsamen Kräfte der Natur zu nutzen.

Was sagt ein altes asiatisches Sprichwort: Nur wer gegen den Strom schwimmt, kommt zu den Quellen.

Johanniskrautöl

250 g Blüten der Johanniskrautpflanze, 1 l Oliven- oder Sonnenblumenöl.

Blüten und Öl in ein Schraubglas füllen und gut verschlossen 14 Tage in der Sonne stehen lassen, durch ein Sieb seihen und dunkel und kühl aufbewahren.

Eignet sich besonders bei Brandwunden und Rheumatismus. Kompressen mit Johanniskrauttee oder Dampf beleben die Haut. In der Tierheilkunde wird das Johanniskrautöl zur Behandlung von Wunden verwendet.

Das Johanniskraut ist schon seit langer Zeit mit der Sommersonnenwende, dem Johannistag, verbunden. In der Johannisnacht gesammelt und ans Fensterkreuz gebunden, soll es vor Gespenstern und dem Teufel schützen. Die Natur- und Volksheilkunde verwendet das Johanniskraut zur Behandlung chronischer Erkrankungen von Magen, Galle, Leber und Niere.

Es hilft gegen Kopfschmerzen, Wetterfühligkeit, bei Neuralgien und Stress. Überhaupt wirkt die Pflanze zentral auf das Gehirn und wurde

Fettleibigkeit, denn es aktiviert die Nieren- und Leberselektion. Andere Enzyme des Lauchs reinigen unsere Gefäße und verbessern die Blutzirkulation.

Spargel

Erleichtert dem Darm die Arbeit und stimuliert die Ausscheidung von Harn und Gallenflüssigkeit. Das heißt aber auch – wer reichlich Spargel isst, wird Dauerbesucher auf seinem Örtchen. Billiger geht es, wenn Sie einfach Spargelschalen kochen, abkühlen lassen und davon täglich trinken. Ich darf Ihnen versprechen – es sprudelt förmlich. Auf Ihrem Häusle duftet es appetitlich nach Spargelsud. Es gibt kaum eine gesündere Frühlingsentwässerungskur.

Bei Kopfschmerzen

Ein einfaches Mittel in diesem Fall – trinken Sie zwei bis drei Gläser Wasser oder lassen Sie das Wasser über Ihre Unterarme laufen. Sie wissen doch – Glaube versetzt Berge. Auf jeden Fall schadet es nicht.

Bei schmerzendem Nacken

Erhitzen Sie ein Kirschkernkissen bzw. ein Dinkelsäckchen mit Spelzen in der Ofenröhre und legen Sie es auf die schmerzende Stelle. Hilft bei Nacken-, Bauch-, Rücken- und Ohrenschmerzen. Wärme ist die beste Medizin!

Tannenwipfelsirup

Im Frühjahr die jungen noch zarten Tannensprösslinge in ein Glas füllen und ca. drei EL Zucker daraufgeben. Langsam sammelt sich der bräunliche Sirup im Glas. Wir bekamen den Tannensirup meistens im Tee kredenzt. Gut gegen Husten.

Zwiebel

Wenn de Reicha wissdad, wia gsond Zwiebel send, hättet de Arme koine meh – sagte einmal ein alter Wirt zu mir, als ich meinen Wurstsalat mit viel Zwiebeln bestellte.

Und gesund ist dieser Wonneproppen, der uns immer wieder zu Tränen rührt! Die Zwiebel zählt zu den ältesten kultivierten Nutzpflanzen, schließlich hat sie an die 5.000 Jahre auf dem Buckel.
Beim Bau der Pyramiden gehörten Zwiebeln zum täglichen Pflichtmahl der Arbeiter. Die Zwiebelwinde haben schon die ersten Touristen vertrieben, wie uns der Geschichtsschreiber Herodot berichtet. In höheren Kreisen rümpfte man das Näschen ob der widrigen Winde. So war es kein Wunder, dass die Zwiebel aus der Küche verbannt wurde.

Zwiebelsaft

Man schneide die erforderliche Menge von Zwiebeln in Scheiben und schichte sie in abwechselnde Lagen mit Kandiszucker in eine Schüssel. Schließe sie mit einem Deckel und lasse sie über Nacht ziehen. Der Hustenkranke nimmt täglich drei Löffel Sirup zu sich. Im Kühlschrank aufbewahren.

Zwiebelumschlag

Zwiebelmenge nach Bedarf klein schneiden und in der Pfanne erwärmen. Auf ein Tuch geben und auf die Brust legen. Gut gegen Husten.

Rettichsaft

Einen schwarzen Rettich aushöhlen und mit Kandiszucker füllen. Den Rettich auf ein Glas setzen. Der Sirup setzt sich dann ab. Man nehme bei Husten 2–3 EL pro Tag. Nach drei Tagen frisch ansetzen!

Kartoffelwickel

Regelmäßig in der kalten Jahreszeit fertigte unsere Mutter diese heißen Halswärmer an. Die gekochten heißen Kartoffeln werden mit der Schale zerdrückt, auf einem Tuch verteilt und gerollt. Unsere Mutter legte uns Kindern zuerst ein dünnes Tuch um den Hals, da wir die Hitze nicht aushielten. Um die Kartoffelrolle wickelte sie am Schluss noch ein Handtuch, um die Hitze zu halten.
Kartoffelwickel verschaffen bei Husten auch als Brustwickel gute Linderung.

Salzwasser

Gurgeln mit lauwarmen Salzwasser bringt das geschwollene Gewebe im Hals zum Abschwellen. War Honig im Haus, kam in das Salzwasser noch ein Löffel Honig.

Insektenstiche

Stecken Sie den Fuß oder Arm in einen Eimer kalten Wassers. Alternativ zerkauen Sie Spitzwegerichblätter und streichen den Brei auf die Stichschwellung. Oder schneiden Sie eine Zwiebel in zwei Hälften und legen Sie die Schnittfläche auf die Wunde.

Weißkohl

Auf die Wirkung dieser jedermann bekannten Pflanze schwören Bauern auf der Alb noch heute. Ein Blatt aus der Mitte der Pflanze nehmen, mit dem Nudelholz kräftig durchwalken und auf die schmerzende Stelle legen. Zweimal pro Tag wechseln und mit einer Binde fixieren.

Apfelessig

Bei Halsschmerzen 3 EL Apfelessig in eine Schüssel mit heißem Wasser geben, ein Tuch eintauchen und gut auswringen. Das Tuch so warm wie möglich um den Hals wickeln und mit einem warmen Handtuch umwickeln.

Schmalz

Der jahrhundertealte Schmalzwickel findet kaum noch Verwendung, sollte aber nicht vergessen werden. Gegen Husten das Schmalz in einer Pfanne erhitzen. Ein Leintuch damit tränken und so heiß wie möglich um den Hals wickeln. Da er die Wärme gut speichert, kann er über Nacht getragen werden. Vorher mit einem warmen Tuch umwickeln, damit die Wärme lange anhält.
Statt Schmalz können Sie auch Öl verwenden.

Ringelblume

Die Ringelblume enthält ätherische Öle, Saponine, Bitterstoffe, Harz und Schleim, Carotinoide, Glykoside und Säuren. Sie wird bei Verletzungen, Geschwüren und Hautausschlägen verwendet. Innerlich wird die Ringelblume bei Brechreiz, Gelbsucht, Magengeschwüren, Drüsenverhärtungen und Menstruationsbeschwerden eingesetzt.

Empfohlen wird sie außerdem bei Kopfschmerzen, bei Durchfall und zur Anregung der Gallenabsonderung.

In der Kosmetik hat die Ringelblume Calendula schon immer einen festen Platz zur Pflege der Haut, als Creme oder Seife.

Tee: 1–2 TL Blüten, 1 Tasse kochendes Wasser, 5–8 Min, ziehen lassen und abseihen, bis 4 Tassen täglich trinken. Der Tee kann auch als Gesichtswasser verwendet werden.

Ringelblumensalbe

Die abgezupften Blütenblätter in Oliven- oder Distelöl legen, Verhältnis 1:10, und ca. 3 Wochen in der Wärme ruhen lassen. Dann im Wasserbad erwärmen. Auf 50 ml Ölauszug geben Sie 10 g Bienenwachs, im Wasserbad erwärmen, bis das Wachs geschmolzen ist, rühren, bis die Masse erkaltet ist. In einen Salbentopf füllen und kühl lagern. Bei Warzenbefall auftragen und mit Pflaster abdecken. Die Salbe hilft auch bei Entzündungen und Krampfadern.

Löwenzahn

Die einen lieben ihn, besonders, wenn er im Frühjahr die Wiesen vergoldet und den ersten Wildsalat spendet. Andere, besonders die Perfektionisten unter den Hausgärtnern, erklären ihm den Krieg und verfolgen ihn mit ihren Stechwerkzeugen, um ihn aus ihrem englischen Rasen zu vertreiben.

Doch war es leichter, den Löwenzahn aus der Küche zu vertreiben, als ihm im Garten den Garaus zu machen. Kaum verblüht, schwebt er mit seinem Fallschirm durch die Lüfte, um neues Siedlungsgebiet zu erobern. Dabei ist er doch so gesund!

Löwenzahn enthält viel Vitamin C, Kalzium, Kieselsäure und Bitterstoffe. Er wirkt besonders auf die Gallenblase und den Darm. Die Bitterstoffe wirken appetitanregend und verdauungsfördernd.
Er unterstützt auch Leber und Niere. Bei Hautleiden und Furunkeln wird er erfolgreich eingesetzt. Dieses Allerweltskraut ist ein geschätztes Blutreinigungsmittel und hilft bei Gicht, Rheuma und Krampfadern.
Reich beschenkt mit Taschen voll jungem Löwenzahn für uns und unsere Hasen zogen wir Kinder früher durch die Wiesen. Meine Schwestern waren geschmückt mit einer Krone aus Löwenzahnblüten. Kleinen Königinnen gleich, hatten sie sich Ketten aus Blüten um den Hals gehängt.
Und war das prachtvoll geschmückte Frühjahrsfest des Löwenzahns vorbei, machte es uns Kindern einen Heidenspaß, die Pusteblumen in den Wind zu blasen und ihnen eine gute Reise zu wünschen. Dabei bliesen wir die Backen auf und sprachen folgenden Kindervers:

Paule, Paule, pupp, pupp, pupp,
koch mr au a Wassersupp,
aber net so dick, dass 'e net verschtick.

Spitzwegerich

Es gibt drei Wegerichgewächse: Spitzwegerich, Breitwegerich und Mittlerer Wegerich. Außer Bitter- und Gerbstoffen enthält der Wegerich die Vitamine A, C, K sowie Eisen, Kieselstoffe, Glykosid, Aucubin, bakteriostatische Stoffe, im Samen Schleimstoffe und Fett. Deshalb eignen sich die Samen sehr gut als Vogelfutter.
Wegerich hilft vor allem bei Husten und Schnupfen, bei Erkältungen und Verschleimungen, zudem ist er eine Lungenheilpflanze. Äußerlich wird er gegen Insektenstiche und Juckreiz angewandt, er wirkt entzün-

dungshemmend und wird bei Verbrennungen und Quetschungen eingesetzt.
Der Wegbeherrscher steht dort, wo man ihn braucht. Wanderer erleiden gerne Unfälle, werden gebissen, gestochen und haben wunde Füße. Als Naturheilpflaster wird der Wegerich seit Jahrhunderten verwendet. Verletzen sich die Kleinen beim Herumtoben während des Waldspaziergangs, einfach ein Spitzwegerichblatt mit einem Stein leicht anklopfen und mit einem langen Grashalm am Finger befestigen. Den Rest besorgt Mutter Natur.

Spitzwegerichsuppe

40 g Fett erhitzen, 40 g Mehl zufügen und unter ständigem Rühren glatt rühren, 1/2 l Milch und 1/2 l Brühe zugeben, mit Salz, Pfeffer und Muskat abschmecken.
Zum Schluss eine Tasse fein geschnittenen Wegerich und Petersilie zugeben. Das Ganze auf schwacher Hitze köcheln, bis der Spitzwegerich weich ist. Eventuell mit Zitronensaft verfeinern.
Spitzwegerich kann als Wildgemüse in Suppen, Salaten oder Soßen zubereitet werden.

Holunder

Er hilft bei Grippe, Erkältungen, Schnupfen und Halsschmerzen und gilt als schweißtreibendes und blutreinigendes Mittel. Auch wird er bei Schlafstörungen, Kopfschmerzen, Migräne und Nervosität empfohlen. Außerdem bei Blasenstörungen und Verstopfung. Der Wirkstoff Rutin soll Alterserscheinungen vorbeugen.
***Tee:** 2 TL getrocknete Holunderblüten, 1 Tasse kochendes Wasser, 5 Min. ziehen lassen, 2 Tassen täglich trinken.*
Außer zur Teezubereitung wird der Holunder noch vielfältig in der Küche verwendet. Man bereitet Saft, Holunderwein, -schnaps, -gelee, -küchlein, -sirup und -mus. Der Saft sollte gekocht sein, so ist er für den Magen verträglicher.
***Saft:** l kg Beeren, 1 l Wasser, 300 g Zucker, kochen, abseihen und in Flaschen füllen.*

In Sage und Brauchtum spielt der Holunder bis heute eine große Rolle. Seinen Namen soll er vom Baum der Holla haben, der Frau Holle. Doch auch die Herkunft von Hohl scheint angebracht, da Kinder aus den ausgehöhlten Zweigen Flöten, Pfeifen, Wasserleitungen und Blasrohre herstellen.

Der Holunder ist mit der Volksseele verwachsen, dies zeigen auch Lieder und Sprüche wie:

Ringel, Ringel, Reihen,
sind der Kinder dreien,
sitzen unterm Holderbusch
machen alle husch, husch, husch!

Holundermus mit Schneeklößchen

1 kg Holunderbeeren, eventuell mit anderem Obst mischen, 1/4 l Wasser, 250 g Zucker, 1 Stangenzimt, 1 Zitronenscheibe, 1/8 l Sahne, Stärkemehl je nach Belieben 2–4 TL.

Wasser mit den Gewürzen aufkochen, Beeren zugeben, weich kochen, das mit Sahne verrührte Stärkemehl einrühren.

Schneeklößchen: *Eischnee steif schlagen, zuckern, mit einem nassen Löffel Klößchen in die heiße Milch geben, 2–3 Min. zugedeckt dämpfen, wenn sie fest sind, herausnehmen und auf das Holundermus setzen.*

Holundermarmelade

2 kg Beeren, 1/4 l Wasser, 1 Stangenzimt, 2 Gewürznelken, Zitronenschale, 1 1/2 kg Gelierzucker.

Beeren und Gewürze im Wasser weich kochen, durch ein Sieb streichen und mit Gelierzucker aufkochen. In Gläser füllen.

Tipp: *Holunder mit Zwetschgen mischen. Gibt ein wunderbar duftendes Gsälz. Dabei geben Sie die entsteinten und halbierten Zwetschgen auf ein Blech, leeren die Holunderbeeren darüber und lassen es zusammen im Ofen dünsten. Danach in einen Topf geben und mit dem Zucker verkochen.*

Holunder-Sirup

Die reifen, gewaschenen Beeren mit kaltem Wasser bedeckt aufkochen, köcheln lassen, bis sie platzen. Über Nacht beiseitestellen. Einen Stuhl mit den Beinen nach oben auf einen Tisch stellen. Eine möglichst große Schüssel in den umgekehrten Stuhl stellen, darüber an den vier Beinen ein Gazetuch so anbinden, dass es den oberen Schüsselrand nicht ganz berührt. Die Beeren mit dem Saft hineinschütten und abtropfen lassen. Nach dem Abtropfen 4,5 l Saft, 2 kg Zucker, Schale einer Zitrone, 1 aufgeschlitzte Vanillestange zusammen aufkochen, sofort in heiß ausgespülte Flaschen füllen, verkorken, kühl und dunkel lagern.

Holundermus

Die Holunderbeeren in einen Topf mit etwas Wasser geben. Bei schwacher Hitze kochen lassen, bis die Beeren weich sind. Danach mit einem Zwerle, Mehl mit Wasser angerührt, abbinden. Mit Zucker und Apfelmus verfeinern.

An Stelle von Apfelmus können Sie auch Apfelschnitze oder Zwetschgen verwenden. Vor dem Servieren kommt ein Stückchen Butter darauf. Wem dieses Mus zu streng ist, kann es mit flüssiger Sahne verdünnen.

Im Backhäusle

Die Württembergische Feuerschutzbehörde erließ einst folgendes Generalskript: „Communen sollen Bedacht nehmen, öffentliche Back-, Dörr- und Waschhäuser zu errichten und um einen leidlichen Zinz zu verleihen.“ (…) „Da die vielen Backöfen in den Häusern ebenso überflüssig als gefährlich sind, sollen innerhalb Jahresfrist in allen Orten, wo keine Kommun-Backöfen oder deren nicht genug sind, dergleichen jedoch entfernt von öffentlichen Wegen, Chausseen, etcetera erbaut werden.“

Nicht selten befand sich im Backhaus auch das Ortsgefängnis. Durchziehende Handwerksgesellen schätzten es zum Übernachten genauso, wie verliebte Pärchen zum ersten Rendezvous. Zum Glück haben einige dieser kleinen, armseligen und rußgeschwärzten Backhäuser überlebt, und engagierte Frauen pflegen dieses alte Brauchtum und überliefern es an die folgende Generation.

Backfrau – Backmoischtre

Jedes Backhaus hat eine Backmeisterin, die von der jeweiligen Gemeinde angestellt wird. Der Tätigkeitsbereich der Backmeisterin variiert von Gemeinde zu Gemeinde. In manchen Backhäusern ist sie zuständig für das Anfeuern der Öfen, manchmal auch für das Besorgen der Reisigbüschel, für das Einschießen und Herausnehmen der Brote und Kuchen, wobei die Frauen mithelfen, die gerade backen, für das Reinigen des Ofens und des Backhauses, und wenn die Gerätschaften Gemeindeeigentum sind, fallen auch dieselben in ihren Zuständigkeitsbereich. In den meisten Gemeinden aber überwacht sie mehr oder weniger den Ablauf des Backens, indem sie die einzelnen Backzeiten auslost und den Backhauswochenplan erstellt, der im Backhaus aushängt.
Nun aber kommen wir zur wichtigsten Tätigkeit der Backvorsteherin, dem Auslosen. Das Bachalausa, wie es im Volksmund auch genannt wird, entscheidet darüber, ob Sie als Erste backen müssen und einen kalten Ofen vorfinden – und deswegen mehr Backbüschla benötigen oder nicht. Das Auslosen findet immer mittags beim Zwölfeläuten im Backhäusle statt. Zum Auslosen werden z. B. Kugeln mit Ziffern, kleine Hölzchen oder gleich große, kleine Zettel mit dem Backtermin verlost. Waren viele Backwillige angetreten, benötigte man zwei Losbüchsen bzw. Säckle für den zweiten Ofen. Wenn auch dies nicht ausreichte, wurden einfach Nieten unter die Lose gemischt.

Denne bleibt's Maul sauber, hieß es dann oft schadenfroh. (Was natürlich nicht so gemeint war.) Die Stubersheimer zum Beispiel kommen ohne Losverfahren aus.

Jeweils die gleiche Backgemeinschaft backt immer zu denselben Zeiten. Nicht selten kaufte eine reiche Bäuerin Lose mit guten Backterminen ärmeren Mitbewohnerinnen ab, oder versuchte, die Backmeisterin zu bestechen, damit sie ihr ein gutes Los zuspielte.

Backgeräte

Kruck oder Ausgluter: An einer Stange befindet sich vorn ein quer angebrachter Schieber aus Holz oder Eisen, mit dem die Glut und die Asche verteilt oder zusammengezogen werden, um dann in den Aschenkasten zu fallen.

Hudelwisch: Der Wisch ist meistens ein ausrangierter Obstsack, bei dem sich das Flicken nicht mehr lohnte. Dieser wird um eine Stange gewickelt, in einen Eimer mit Wasser getaucht, früher nannte man die Eimer aus Holz kurz Gölt, um die restlichen Asche- und Glutreste zu beseitigen. Hudla heißt nichts anderes, als sich schnell oder hektisch zu bewegen. Mit Hudel ist aber auch ein Lumpen gemeint. Nicht zu verwechseln mit dem Schimpfnamen Huddel gleich Schlampe. A Hudelma ist übrigens jemand, der langsam schafft, dafür aber schneller trinkt. In Ermangelung eines alten Obstsackes wurde teilweise auch einfach Stroh um die Stange gewickelt.

Ei(n)laibschüssel: Lange Stange, an der vorn früher eine Holzschüssel, heute eine runde Blechschüssel zum Einschießen des Brotteiges angebracht ist.

Ausnemmer oder Backschaufel: Zum Herausholen der Brote und Kuchen ist an einer Stange vorn ein rechteckiges, längliches Holzstück befestigt.

Teigmulde: Dieser rechteckige Holzkasten diente früher zum Anmachen des Teiges. Heute nehmen die Frauen zum Teigansetzen die leichteren Blech- oder Plastikschüsseln.

Backschaber oder Scherre: War früher meistens aus Blech mit einem Holzgriff. Aber es gab und gibt auch ganz individuelle vom Dorfschmied angefertigte Schaber, die ganz aus Eisen geschmiedet wurden. Und um Verwechslungen vorzubeugen, wurde noch das Familienwappen bzw. der Name eingehämmert. Gesehen in Seißen und heute in der 4. Generation noch in Gebrauch. Die Blechscherre ist den Plastikschabern heute noch beim Abkratzen der Aschenreste überlegen.

Brothang: An der Kellerdecke hing an einem Eisengerüst oder an Ketten ein ca. zwei Meter langes Brett, worauf die Brote gelagert und so auch vor den Mäusen geschützt wurden.

Besen und Kehrwisch wurden in den meisten Fällen von der Gemeinde gestellt. Die Gerätschaften sind teilweise Eigentum der Gemeinde, aber wie im Fall Seißen sind sie im Besitz der jeweiligen Familien, die sie zum Backen immer mitbringen.

Backtag

Das Backen bedurfte schon immer langer und gründlicher Vorbereitungen. So muss zuerst für ausreichend Holz gesorgt werden. Zum Beheizen der Öfen werden extra lange Büschala von den Frauen angefertigt. Sie bestehen meistens aus Buchenholz und geben dem Brot den typischen Holzofen-Geschmack. Zum Anzünden nahm man früher Stroh. Unerwünscht oder sogar verboten waren Dornen und Obstreisigbüschel, da diese gern den Ofen beschädigten. Aber wo keine Kläger, sind auch keine Richter, und so fand auch dieses Holz mancherorts den Weg in den Ofen.

Nachdem das Feuer brannte, wurden teilweise noch Hart- und Weichholzscheiter nachgelegt. Buchenholz wurde auch deswegen früher empfohlen, da Gemeinden nicht selten eigene Wälder besaßen und sich so neue Geldquellen eröffneten.

Eine Familie benötigt im Jahr zwischen 100 bis 150, Großfamilien bis zu 200 Büschala und mehr. Zum Anheizen werden je nach Größe des Ofens zwischen 7 und 14 davon verheizt. Die zweite Schicht kommt dagegen mit bedeutend weniger aus. Nach dem Anheizen gehen die Frauen nochmals nach Hause und kommen nach ca. 45 Minuten mit ihrem Backwägale voll bepackt mit Teigschüssel und Kuchenblechen zurück. Nun verdrehen sie die Glut. Darunter verstehen die Backhausprofis das Verteilen der Glut, schließlich muss der Ofen gleichmäßig aufgeheizt werden. Die Hitze beträgt mindestens um 270 bis 300 Grad. Die Innenwände des Ofens sind nun mehlig weiß, ein zuverlässiges Zeichen, dass die richtige Backtemperatur erreicht ist. Nachdem die Asche und die Glutreste im Aschenkasten verschwunden sind, kann man mit dem Broteinschießen beginnen.

Auf der Alb bestand der Brotteig bis Anfang des letzten Jahrhunderts aus Dinkelmehl. Das Roggenmehl war den Älblern zu dunkel, und Weizen war noch kaum bekannt. Aber es gab auch Gegenden, in denen Dinkel und Roggenmehl vermischt wurden, ja mancherorts bauten die Bauern sogenannte Mischling (Dinkel und Roggen) an, denn beides zusammen gemahlen ergab ein gutes Mehl für das würzige Bauernbrot.

Da mit dem Mehl durch die Müller und Bäcker immer wieder „arg Schendluader trieba worra isch", verordnete 1786 unser Herzog Johann Friedrich in seiner Bäcker- und Brotbeschauordnung, dass dem Mehl durch „Beymischung von Sand, Alaun, Gips, Kreide, Asche, Saubohnen und anderen zum ordentlichen Brod nicht gehörigen Früchten zu verfälschen". Denn wär net bscheißt, där kommt zu nix, war also schon früher bekannt. Aber „ehrlich währt am längsten" sollte nicht vergessen werden.

Die erforderliche Menge Mehl, heute meist Weizenmehl bzw. diesbezügliche Mischungen, wurde abends in die Teigmulde gegeben, um mit Hefe bzw. Sauerteig den Vorteig anzulegen. Im Schwäbischen sagt man dafür a'hefa oder alau. Besonders im Winter war es wichtig, das Mehl vorzuwärmen. Am Morgen knetete die Bauersfrau oder die Magd das Mehl mit Wasser, Salz und Kümmel zu Teig und schlug ihn durch, bis er Blasen zeigte. Teilweise wurde der Teig mehrmals geschlagen.

Das Weißbrot machte man dagegen mit Hefe, Milch und Fett an. Weißmehl nannte man früher bei uns Schönmehl. Erfahrene Backfrauen schwören beim a'hefa auf eine Mischung aus Sauerteig und Hefe. So wird auch heute noch dem Brotteig gerne ca. ein Prozent kalt geriebene Kartoffeln beigegeben. Das Brot soll dadurch nicht so schnell austrocknen.

Um die richtige Hitze im Ofen zu ermitteln, wirft man eine Handvoll Mehl in den Ofen. Bleibt es blass, ist der Ofen noch zu kalt, wird es dagegen bräunlich, hat er die richtige Temperatur erreicht. Nun wird der Teig eingelaibt und eingeschossen. Beides verlangt eine gewisse Übung. Darum backen meistens Mutter und Tochter oder ein anderes eingespieltes Team zusammen. Der eine formt mit nassen

Händen die Brote und setzt sie in die angenetzte (angenässte) Einlaibschüssel. Darum heißt diese Art von Brot einfach Gnetzt' Brot. Der zweite Partner schießt das Brot ein und muss gut aufpassen, dass die Laibe nicht zu eng sitzen, sonst backen sie zusammen.

Eine Ofenfüllung beinhaltet 20 bis 40 Brote, ganz nach Größe der Öfen. Die Brote wiegen teilweise 2.500 g und mehr. Ganz vorn werden die Blatzkuchen gebacken und nach ca. 15 bis 20 Minuten durch das Weiß- oder Kranzbrot ersetzt. Die Backzeit für die Brote beträgt ca. 1 Stunde. Dann werden sie gedreht, das heißt aus dem Ofen herausgeholt und mit Wasser bestrichen, damit sie eine feste, glänzende Kruste bekommen, und sofort wieder eingeschossen. Dabei kommt nun das vordere Brot nach hinten und umgekehrt. Nach ca. 10 Minuten erfolgt eine Klopfprobe. Dabei wird mit dem Knöchel auf die Unterseite des Brotes geklopft und festgestellt, ob es fertig ist.

Wenn mehrere Partien zusammen backen, muss man, um Verwechslungen vorzubeugen, das Brot kennzeichnen. Dabei werden Zwetschgensteine, Holzstücke oder Zettel mit Namen verwendet. Einer alten Überlieferung zufolge werden auch heute noch vor dem Einschießen Kreuze in den Teig geritzt. Manchmal findet man auf der Oberfläche der Brote noch die Buchstaben G-S-D-B was bedeutet: Gott segne dieses Brot. Ein schöner alter Brauch, der heute noch verschiedentlich gepflegt wird.

In der Weihnachtszeit werden nachmittags nach dem Brotbacken die Weihnachtsbrödla ausgebacken. Ein Fest für Jung und Alt und besonders für die Kinder eine herrliche Vorweihnachtsfreude, von dem man in der Stadt nur träumen kann. Und das riecht! Eine Labsal für Gaumen und Nase.

Brot war früher eine Art Währung, sozusagen eine Naturalbesoldung für gewisse Dienste, die gesetzmäßig geregelt war: Die Schulkinder waren dem Lehrer ihre Laibe schuldig; der Bader erhob sie fürs Rasieren, der Nachtwächter fürs Wachen, der Pfarrer fürs Taufen, der Kuhhirt fürs Hüten und der Mauser fürs Mäusefangen. Als der Schulmeister Ezechiel Pfrang in Feldstetten 1728 starb, hatte er noch 65 Laibe von seinen Schulkindern gut, dies stand als Aktivposten in seinen Hinterlassenschaften.

Von Blatz und Dünneten

Der Blatz ist ein dünner, flacher Kuchen aus Hefeteig mit regional verschiedenen Belägen. So verschieden wie die Ausführungen, sind auch seine Namen. Im Ulmer und Reutlinger Raum kurz Blatz genannt, zieht sich die Aussprache Richtung Asch-Laichingen in Blaatz. Im Oberland Richtung Biberach heißt er dann Dünnet, in der Munderkinger Gegend leicht verändert Denneten oder Dünneten; aber auch Wäh oder Wähe ist dort geläufig. Weiter sind Namen wie: Dünnes, Blätzkuacha, Blootz, Plätz, Hitzkuache oder im Badischen Flammkuchen bekannt.

Die Verwandtschaft ist groß. Am bekanntesten sind die Pizzen aus Italien. Aber auch in Frankreich, Spanien und Mexiko werden die Fladen hoch geschätzt.

Der Name Blatz oder Platz stammt vermutlich vom vorgermanischen platan = Flaches ab. Im „Schwäbischen Wörterbuch" von Fischer wird es vom lateinischen placenta abgeleitet. Möglicherweise hat aber auch der Blätz seine Hände im Spiel. So wie man in einer Hosentasche das Loch mit einem Blätza zunäht, also mit einem Stoffrest flickt, wurde aus einem Teigrest ein Blatz gebacken. Aber überlassen wir die Entscheidung den Gelehrten, sollen sie sich darüber streiten. Wir bleiben trotzdem Freunde und halten weiter zusammen, wia dr Kuacha ond dr Blatz.

Wir benutzen natürlich Hefe zum Blatzbacken. Wenn in Seißen, einem reizenden Albdorf oberhalb Blaubeurens, der Ruf ertönt, so duat ma blatza, ist auch die bekannte Dorfhockade zu Ehren des Blatz nicht mehr fern. Und dort wird heute noch von Jung und Alt die Tradition des Backens im Dorfbackhaus gepflegt.

Um die beliebten flachen Kuchen herzustellen, bedarf es allerdings einiger Vorbereitung. Zuerst muss der Hefeteig aus Mehl, Milch, Hefe, Salz, bei süßen Kuchen mit Zucker, 1 Ei und 2 Esslöffel Fett (Fett macht den Teig mürbe) hergestellt werden.

Das wichtigste Gerät dabei ist der Blatzer, ein runder, blechgroßer Holzschieber mit kurzem Stiel. Die runde Holzplatte wird bemehlt, dann die erforderliche Teigmenge darauf ausgerollt, belegt und ab geht's in den Ofen. Wichtig: Der Blatz wird nach alter Väter Sitte ohne

Blech gebacken. Das verleiht ihm erst den richtigen Geschmack. Die Kinder schätzen besonders den süßen Blatz mit Träuble, Äpfel oder einfach mit Zimtzucker und Butterflocken belegt.

Fast in Vergessenheit geraten ist der Hutzlablatz. War er doch die einzige Möglichkeit, im Winter früher einen Obstkuchen zu backen. Dabei wurden die Hutzla (getrocknete Birnen) gekocht, durch den Wolf gedreht bzw. durch ein Sieb gedrückt und auf den Teig gestrichen. Zur Verfeinerung streute man auf den Belag eine Zucker-Zimt-Brösala-Mischung. Wer hatte, verzierte den Belag noch mit Butterflocken. Der Belag der Blatz-Kuchen richtete sich früher, wie sollte es auch anders sein, ganz nach den Jahreszeiten.

Die Erwachsenen bevorzugten die gesalzenen Blatz mit Kümmel, Zwiebel, Speck und Grieben belegt. In manchen Gegenden ist daher der Blatz im Volksmund auch als Salzkuchen bekannt. Doch genug der Worte, Ärmel hoch, den Schurz umgebunden und auf ins Backhaus zum Blatza.

Verse vom Brot

Fremdes Brot ist hartes Brot.

Heirada isch halbe Not, aber au halbes Brot.

's isch iberall guat Brot essa, wenn man gnuag hot.

Besser a Brot em Sack, als a Feder am Huat.

Dr Arme kennt Not, ond de Reiche hent's Brot.

Ma sodd Wecka ed größer macha wia's Maul.

's oigene Brot schmeckt halt am beschta.

Wer sei Brot alloi isst, muass au alloi ernta.

Moscht ond Brot geit au a Supp.

Auf dem Brot schmeckt gut der Kümmel,
wer sein Weib schlägt, kommt in Himmel.
(Inschrift auf einem Kachelofen)

Weißbrot braucht viel dreckige Händ.

Am 'a Reicha fehlt dr Honger, am Arma 's Brot.

Liabr a trockens Brot als an fremda Käs.

Am 'a hongrige Ma isch koi Brot z' schwarz.

Wenn mr Honger hot, schmeckt's Brot au ohne Schpeck.

Wenn's Brot gibt, gibt's au Liader.

'schönschte Brot legt dr Bäck ens Fenschter.

's Brot essa lernt ma leichter wie 's verdehna.

Wenn's Brot nemme hilft, helfat bloß no Schläg.

Isch's Brot gessa, isch's andre schnell vergessa.

Wer sei Brot nia em Bett gessa hot,
woiß ned, wie d' Brösala schtupfet.

Schwäbischer Zopf

Für einen Hefeteig (Grundrezept):

500 g Mehl, 80 g Butter oder 40 g Butter und 40 g Schweineschmalz, 70 g Zucker, 1 TL Salz, 3 Eier, 1 Päckchen Trockenhefe, Milch, Anispulver.

Wichtig beim Zopfbacken ist eine warme Küche und vorgewärmtes Mehl. Zuerst das Mehl in eine vorgewärmte Schüssel geben. In der Mitte eine kleine Vertiefung eindrücken, die Hefe in die lauwarme Milch geben, alles vermischen und ca. 25 Min. gehen lassen. Wenn der Vorteig aufgegangen ist, die restlichen Zutaten zugeben und den Teig vermengen.

Danach 30 Min. zugedeckt (Küchentuch) gehen lassen. Den Teig erneut durcharbeiten und nochmals ca. 10 Min. abgedeckt im Ofen bei 40 Grad gehen lassen.

Nun den Teig in drei gleiche Teile trennen, ausrollen und einen Zopf flechten. Auf das Blech Anispulver streuen und den Zopf daraufgeben. Den Zopf nochmals im Ofen ca. 10 Min. bei 40 Grad gehen lassen.

Den Ofen auf 180 Grad vorheizen, den Zopf mit verquirltem Eigelb bestreichen. Backzeit 28 Min., nach 15 Min. nachschauen. Wenn er braun ist, mit Backpapier abdecken.

Nach dem Backen mit Glasur bestreichen – Puderzucker mit Wasser verrühren.

Hefeteig für einen Blatz

500 g Weizenmehl Type 550 oder 405, 20 g Hefe, ca. 1/4 l lauwarme Milch oder Wasser, 50 g Fett, 1 TL Zucker, 1 TL Salz.

Das warm gestellte Mehl in eine Schüssel geben, in der Mitte eine Vertiefung eindrücken, Hefe einbröckeln und mit der lauwarmen Flüssigkeit und dem Zucker zu einem Vorteig anrühren und gehen lassen. Danach langsam das Mehl, das restliche Wasser und Salz zugeben und zu einem festen Teig verarbeiten. An einem warmen Ort etwa 20 Min. gehen lassen.

Dünnet

Hefeteig – siehe Grundrezept.

Belag: 100 g Quark, 100 g Rahm, Salz,

1 Zwiebel oder Lauch, Speckwürfel.

Den Hefeteig dünn auswellen und auf ein gefettetes Blech setzen. Den Quark mit Sahne gut vermischen und würzen. Ganz nach Gusto fein geschnittenen Lauch oder angedämpfte Zwiebeln untermengen. Vor dem Backen mit Speckwürfeln bestreuen.

Backzeit: ca. 20 Min. bei 200 Grad.

Mürbteig

Grundrezept: 250 g Mehl, 100–125 g Butter, 80 g Zucker,

1 Ei, 1/2 Päckchen Backpulver, 1 Päckchen Vanillezucker.

Das Mehl mit dem Backpulver mischen und durchsieben. Das Ei und den Zucker schaumig rühren. In das Mehl eine kleine Mulde drücken, die schaumige Masse hineingeben, Butterflocken drumherum verteilen und die restlichen Zutaten beimengen. Von der Mitte her mit der Hand den Teig gut verarbeiten. Wird der Teig nicht sofort verarbeitet – kalt stellen.

Unbedingt beachten: *Die Butter muss kalt sein. Den Teig nur kurze Zeit kneten, da er sonst beim Auswellen bricht. Wird der Teig zu warm, dann kalt stellen.*

Mürbteig eignet sich gut für Obst- und Käsekuchen oder für Kleingebäck.

Hefeteig für Blechkuchen

(Rezept für ein Backblech 40 × 40 cm)

500 g Weizenmehl Type 405 oder 550, 1 Päckchen Trockenhefe

oder 25–30 g Frischhefe, 10 g Salz, 75 g Butter, 60 g Zucker,

Zitronenschale, 1 Päckchen Vanillezucker, ca. 1/4 l lauwarme Milch.

Aus den Zutaten einen Teig bereiten, mit dem Knethaken ca. 10–12 Min. gut durcharbeiten. Der Teig soll glatt und trocken sein und sich gut von der Schüssel lösen. 15 Min. ruhen lassen, nochmals kurz von Hand durchkneten und weiter 10–15 Min. zugedeckt ruhen lassen.

Zwetschgendatsche

Hefeteig – siehe Grundrezept.

Belag: 1.500 g Zwetschgen, 5 EL Zucker, 1 TL Zimt, ca. 50 g Butter, 200 g Schwarzbrotbrösel.

Teig ausrollen und auf das gefettete Backblech legen, ca. 10 Min. gehen lassen. Die Zwetschgen entsteinen und von außen nach innen eng auf den Teigboden legen. Schwarzbrotbrösel mit Zimt und Zucker mischen und auf die Zwetschgen verteilen. Vor dem Backen Butterflocken daraufsetzen. Backzeit 40–45 Min. bei ca. 180 Grad.

Krautkuchen

Hefeteig: 250 g Weizenmehl, 15 g Hefe, 1/2 TL Salz, 60 g Butter, ca. 1/8 l warme Milch.

Belag: 500 g Weißkraut, 20–30 g Speckwürfel, 20 g Butterschmalz, Salz, 1 EL Kümmel.

Guss: 200 g Sahne, 2–3 Eier, 1 EL Mehl, Salz, Pfeffer.

Butter schmelzen und erkalten lassen. Mehl in eine Schüssel geben. In die Mitte eine Mulde drücken. Die Hefe hineinbröckeln und mit etwas Milch verrühren. Zugedeckt ca. 10 Min. an einem warmen Ort gehen lassen. Danach die restliche Milch mit Salz und Butter zugeben und alles zu einem trockenen Teig verkneten. Teig 10 Min. gehen lassen. Belag: Den Teig ca. 3 mm dick auswellen, auf das gefettete Backblech legen und nochmals 10 Min. gehen lassen. Den o. g. Guss herstellen. Das in feine Streifen zerkleinerte Weißkraut salzen und pfeffern. Speckwürfel im Butterschmalz anschwenken, Kraut und Kümmel zugeben und ca. 10 Min. dünsten lassen. Eventuell etwas ablöschen. Die abgekühlte Krautmischung auf dem Hefeteig verteilen. Den Guss darübergießen. Backzeit ca. 45 Min. bei 180–190 Grad. Am besten schmeckt er warm.

Schwäbischer Zwiebelkuchen

Hefeteig: 500 g Mehl, 30 g Hefe, 100 g Butterschmalz, 1 Ei, 10 g Salz, ca. 1/4 l warmes Wasser.

Belag: 750 g Zwiebeln, 200 g durchwachsener Speck, 5 Eier, Salz, gemahlener Kümmel, 1/4 l Sauerrahm, etwas Butter.

Aus den oben genannten Zutaten einen lockeren Hefeteig herstellen und gut gehen lassen. In der Zwischenzeit die Zwiebeln grob hacken und den Speck in feine Würfel schneiden. Speck in einer Pfanne auslassen und zum Abtropfen in ein Sieb geben. In das ausgelassene Fett etwas Butter geben und die Zwiebeln glasig andünsten. Die Eier in der Zwiebelmasse stocken lassen, den Sauerrahm unterheben und mit Salz und Kümmel würzen. Danach die Speckwürfel unterheben.
Ein Backblech gut fetten und den Hefeteig ausgewellt darauf ausbreiten. Rand hochziehen. Die Masse gut verteilen und mit Butterflöckchen belegen. Backzeit: ca. 30 Min. bei ca. 200 Grad.
Dazu gibt es neuen Wein. Der Zwiebelkuchen wird heiß serviert!

Träubleskuchen

***Teig:** 180 g Mehl, 80 g Zucker, 1/2 TL Backpulver, 80 g Butter, 1 Ei, 1 Päckchen Vanillezucker, Zitronenschale, Salz.*
***Belag:** 750 g Rote Träuble (Johannisbeeren), 200 g Quark, 2 EL Milch, 200 g Zucker, 3 Eier, 1/4 l Sauerrahm.*

Einen Knetteig zubereiten. Träuble vorbereiten. Springform ausfetten, mit Semmelbrösel bestreuen, Teig auswellen, einlegen und den Rand hochziehen. Träuble auf den Boden geben. 3 Eiweiß zu Schnee schlagen. Für den Belag die übrigen Zutaten zu einer Masse rühren, zum Schluss den Eischnee unterheben. Backzeit: 50 Min. bei 200 Grad.

Käsekuchen

Mürbteig – siehe Grundrezept.
***Käseguss:** 700 g Quark, 1–2 EL Mehl, 1/8 l Sauerrahm, 2–3 Eier, 80–100 g Zucker, 50 g Rosinen, geriebene Zitronenschale.*

Den Teig in eine gefettete Backform geben. Käseguss: Den Quark durch ein Sieb streichen, Mehl, Sauerrahm, Zucker, Rosinen und Eigelb untermengen und zum Schluss den Eischnee unterziehen. Käsemasse gleichmäßig auf dem Teig verteilen. Backzeit: 1 Stunde bei 180–200 Grad.

Schwäbischer Nusskranz

***Vorteig:** 500 g Weizenmehl Type 550, 30 g Hefe, 1/8 l lauwarme Milch.*

***Hefeteig:** 1/8 l lauwarme Milch, 100 Butter oder Margarine, 80 g Zucker, 5 g Salz, Zitronenschale.*

***Füllung:** 125 g gemahlene Haselnüsse, 100 g Sultaninen, 50 g Zucker, 1–2 Eiweiß, Zimt nach Geschmack.*

Hefe in der Milch auflösen. Mehl in eine Schüssel geben, in die Mitte eine Mulde drücken, aufgelöste Hefe hineingeben und mit etwas Mehl zu einem Vorteig anrühren. Zugedeckt an einem warmen Ort den Vorteig gehen lassen.

Die Zutaten zum Hefeteig werden unter starkem Kneten dem Vorteig beigemischt. Den Teig so lange gehen lassen, bis sich das Volumen etwa verdoppelt hat.

Die Zutaten der Füllung mischen, auf den ausgerollten Teig streichen und aufrollen. Backzeit: 40 Min. bei 210 Grad. Noch heiß mit Zuckerglasur bestreichen.

Hutzelbrot

500 g getrocknete Birnenschnitze (Hutzla), 500 g Mehl, 40 g Hefe, 200 g Zucker, 150 g gehackte Haselnüsse, 1 Prise Salz, 2 Tl Zimt, 125 g Zitronat, 1 Msp. gemahlene Nelken, 100 g Orangeat, 1 Msp. Piment.

Birnen 2–3 Stunden einweichen, im Einweichwasser etwa 15 Min. köcheln, die Brühe abgießen und beiseitestellen. Birnen in grobe Stücke schneiden. Mehl in eine Schüssel geben, in die Mitte eine Vertiefung drücken, Hefe hineinbröckeln, mit etwas Zucker, 1/8 l Obstkochbrühe und etwas Mehl zu einem Vorteig verrühren und 20–30 Min. zugedeckt ruhen lassen. Zitronat und Orangeat hacken, Nüsse grob mahlen.

Den gegangenen Vorteig mit den übrigen Zutaten vermischen, 1/8 l Obstkochbrühe unterarbeiten, kräftig schlagen, bis der Teig sich vom Schüsselrand löst. Die zerkleinerten Früchte mischen und vorsichtig unter den Teig kneten. Teig gehen lassen. Kleine, etwa 4–5 cm hohe Laibe formen, auf ein gefettetes Blech legen und nochmals 15–20 Min. gehen lassen. Nach dem Backen die noch heißen Brote mit Obstkochbrühe bestreichen. Backzeit 35 Min. bei 190–200 Grad.

Literaturangaben

Arbeitsgemeinschaft der Heimatmuseen im Alb-Donau-Kreis (Hg.):
Die Hungerjahre 1816/17 auf der Alb und an der Donau, *Museumsgesellschaft Ehingen e.V. 1985*

Bischoff-Luithlen, Angelika:
Von Land und Leuten der Alb. Geschautes und Erlebtes, *Balingen 2001*

diess.:
Von Amtsstuben, Backhäusern und Jahrmärkten. Ein Lese- und Nachschlagebuch zum Dorfalltag im alten Württemberg und Baden, *Stuttgart 1980*

Boelcke, Willi A.:
Wirtschaftsgeschichte Baden-Württembergs. Von den Römern bis heute, *Stuttgart 1987*

Braudel, Fernand:
Sozialgeschichte des 15. bis 18. Jahrhunderts, *München 1985*

Horn, Erna:
Von Knötelein, Knödchen und Knödeln, *Stuttgart 1965*

Kühnel, Harry (Hg.):
Alltag im Spätmittelalter – Hunger, *Graz 1984*

Landesarchivdirektion Baden-Württemberg (Hg.):
Der Alb-Donau-Kreis, Bd. I, *Sigmaringen 1989*

Mutschler, Frieder:
Zainingen – das Dorf an der Hüle, *Gemeinde Römerstein 1983*

Rinker, Reiner und Setzler, Wilfried:
Die Geschichte Baden-Württembergs, *Stuttgart 1986*

Ruoß, Siegfried:
Schwäbische Küche, *Stuttgart 2002*

Stadt Münsingen (Hg.):
Münsingen, Geschichte – Landschaft – Kultur, *Sigmaringen 1982*

Vereinigung der Wasserversorgungsverbände und Gemeinden mit Wasserwerken e.V. VEDEWA Stuttgart (Hg.):
Hundert Jahre Albwasserversorgung 1870/1970, *Stuttgart 1970*

Weller, Arnold:
Sozialgeschichte Südwestdeutschlands, *Stuttgart 1979*

Bildnachweis

Seite 63: dpa-picture-alliance/ZB; Seite 75: Stadt Filderstadt, Stadtarchiv/ Museumsverwaltung. Alle übrigen Fotos stammen aus dem Archiv des Autors.

Für Ihre Notizen

Für Ihre Notizen

Für Ihre Notizen

Für Ihre Notizen

Für Ihre Notizen

Für Ihre Notizen

Der Klassiker

Von Ursula Krug
128 Seiten
mit 38 Farbabbildungen
ISBN 978-3-8062-2475-7

»Essa ond Trinka hält Leib ond Seel zamma!« Dieses Sprichwort könnte als Leitmotiv für dieses Kochbuch gelten, sagt es doch viel über die Einstellung der Schwaben zu ihrer Küche aus. Nach wie vor erfreuen sich die schwäbischen Spezialitäten überaus großer Beliebtheit. Ob Spätzla, Knöpfla und Nudla, Hergottsbscheißerle oder Gaisburger Marsch – viele Rezepte haben eine lange Tradition und werden seit Generationen fast unverändert gekocht. In diesem Kochbuch finden Sie die wichtigsten schwäbischen Leibspeisen.

Mehr unter www.theiss.de

THEISS

Bibliografische Information der Deutschen Nationalbibliothek
Die Deutsche Nationalbibliothek verzeichnet diese Publikation in der Deutschen Nationalbibliografie; detaillierte bibliografische Daten sind im Internet über http://dnb.d-nb.de abrufbar.

Umschlaggestaltung: Stefan Schmid Design, Stuttgart, unter Verwendung eines Fotos von Stefan Schmid und eines Motivs vom Bundesarchiv, Bild 183-19916-0003/Foto Biscan

Lektorat: Nicole Janke, Neuhausen
Satz und Gestaltung: Eva Knoll, Stuttgart
Druck und Bindung: CPI – Ebner & Spiegel, Ulm

ISBN 978-3-8062-2684-3
eBook (PDF): 978-3-8062-2743-7

Besuchen Sie uns im Internet: www.theiss.de